Rainer Maria Rilke
Das Rot der Rosen

Rainer Maria Rilke

Das Rot der Rosen

Ein Jahreszeitenbuch

Herausgegeben von Rolf Schneider
Mit Fotos von Therese Schneider

AUFBAU VERLAGSGRUPPE

Mit 17 Farbfotos

ISBN 978-3-351-03236-4

Aufbau ist eine Marke der Aufbau Verlagsgruppe GmbH

1. Auflage 2008
© Aufbau Verlagsgruppe GmbH, Berlin 2008
Einbandgestaltung Henkel/Lemme
unter Verwendung eines Fotos von plainpicture
Druck und Binden CPI – Clausen & Bosse, Leck
Printed in Germany

www.aufbau-verlag.de

EINGANG

Wer du auch seist: am Abend tritt hinaus
aus deiner Stube, drin du alles weißt;
als letztes vor der Ferne liegt dein Haus:
wer du auch seist.
Mit deinen Augen, welche müde kaum
von der verbrauchten Schwelle sich befrein,
hebst du ganz langsam einen schwarzen Baum
und stellst ihn vor den Himmel: schlank, allein.
Und hast die Welt gemacht. Und sie ist groß
und wie ein Wort, das noch im Schweigen reift.
Und wie dein Wille ihren Sinn begreift,
lassen sie deine Augen zärtlich los …

Frühling

Wieder duftet der Wald

VORGEFÜHL

Ich bin wie eine Fahne von Fernen umgeben.
Ich ahne die Winde, die kommen, und muß sie leben,
während die Dinge unten sich noch nicht rühren:
die Türen schließen noch sanft, und in den Kaminen ist Stille;
die Fenster zittern noch nicht, und der Staub ist noch schwer.

Da weiß ich die Stürme schon und bin erregt wie das Meer.
Und breite mich aus und falle in mich hinein
und werfe mich ab und bin ganz allein
in dem großen Sturm.

FRÜHLINGSNÄHE

Es ist fast beunruhigend, diese fortwährende Frühlingsnähe –, Gänseblümchen und Taubnesseln unterbrechen keinen Augenblick ihr kleines Blühen –, und neulich in Zürich, im *Baur au Lac*, sah ich aus den mit Tannenzweigen zugedeckten Beeten die großen Stiefmütterchen ganz ausgeruht und aufgewacht hervordrängen, wie Kinder, die ausgeschlafen haben und durchaus nicht mehr im Bett bleiben wollen.

An Marie von Thurn und Taxis, 17. Februar 1921

VORFRÜHLING

Härte schwand. Auf einmal legt sich Schonung
an der Wiesen aufgedecktes Grau.
Kleine Wasser ändern die Betonung.
Zärtlichkeiten, ungenau,

greifen nach der Erde aus dem Raum.
Wege gehen weit ins Land und zeigens.
Unvermutet siehst du seines Steigens
Ausdruck in dem leeren Baum.

Dieses Hereinwirken der Jahreszeit

Fliegen sieht man eigentlich nichts, aber es piept und stimmt an und übt, der Sonntag war von der strahlendsten Wärme, meine Fensterthür stand offen bis in den Abend hinein und zum ersten Mal empfand man dieses Hereinwirken der Jahreszeit ins merkwürdig erweiterte Zimmer, das Raum von draußen hereinnahm, statt sich, wie bisher, um die Ofenecke zusammenzuziehen. Da war schon eine von den dunkleren Vogelstimmen dabei, eine reifere, schon innerlich gesungene, die zu den anderen sich verhielt wie ein Gedicht zu ein paar Vokabeln –, wie glänzte sie zu Gott, schon, schon, wie gläubig war sie, wie von sich selber voll, eine Liedknospe noch in den Deckblättchen ihres Klanges, aber schon bewußt ihrer unaufhaltsamen Fülle, vor-seelig und vor-bang. Oder eigentlich, die Bangheit war schon völlig in ihr, der gemeinsame Schmerz der Kreatur, der sich nicht theilen läßt und der genau so ein-fältig ist, wie drüben, jenseits aller Überwindungen, die Seeligkeit.

An Nanny Wunderly-Volkart, 24. Februar 1920

Hilfloses Blühen

»Schaut nur hinaus. Dieser Kampf mit den blöden brachen Schollen, den jeder der feinen schwachen Keime kämpfen muß, um zu seinem Sommer zu kommen. Hier«, und er schraubte sich noch ein wenig höher – »steht die hilflose Blüte und will blühen; das ist das einzige, was sie kann, sie kann nur blühen, und sie will wirklich niemanden stören damit, und doch sind alle gegen sie: die schwarzen Krumen, die sie nur nach langem Bitten durchlassen, die Tage, die wahllos Wärme und Regen und Wind auf sie herabstreuen, und die Nächte, die sich langsam an sie heranschleichen, um sie zu würgen mit ihren eisigen Fingern. Dieser feige traurige Kampf, das ist der Frühling.«

König Bohusch (Zwei Prager Geschichten)

Die Nacht der Frühlingswende
Capri, 1907

Ein Netz von raschen Schattenmaschen schleift
über aus Mond gemachte Gartenwege,
als ob Gefangenes sich drinnen rege,
das ein Entfernter groß zusammengreift.

Gefangner Duft, der widerstrebend bleibt.
Doch plötzlich ists, als risse eine Welle
das Netz entzwei an einer hellen Stelle,
und alles fließt dahin und flieht und treibt ….

Noch einmal blättert, den wir lange kannten,
der weite Nachtwind in den harten Bäumen;
doch drüber stehen, stark und diamanten,
in tiefen feierlichen Zwischenräumen,
die großen Sterne einer Frühlingsnacht.

Schon, horch, hörst du der ersten Harken
Arbeit; wieder den menschlichen Takt
in der verhaltenen Stille der starken
Vorfrühlingserde. Unabgeschmackt

scheint dir das Kommende. Jenes so oft
dir schon Gekommene scheint dir zu kommen
wieder wie Neues. Immer erhofft,
nahmst du es niemals. Es hat dich genommen.

Selbst die Blätter durchwinterter Eichen
scheinen im Abend ein künftiges Braun.
Manchmal geben sich Lüfte ein Zeichen.

Schwarz sind die Sträucher. Doch Haufen von Dünger
lagern als satteres Schwarz in den Aun.
Jede Stunde, die hingeht, wird jünger.

Die Sonette an Orpheus. Zweiter Teil. XXV

Frühling ist wiedergekommen. Die Erde
ist wie ein Kind, das Gedichte weiß;
viele, o viele … Für die Beschwerde
langen Lernens bekommt sie den Preis.

Streng war ihr Lehrer. Wir mochten das Weiße
an dem Barte des alten Manns.
Nun, wie das Grüne, das Blaue heiße,
dürfen wir fragen: sie kanns, sie kanns!

Erde, die frei hat, du glückliche, spiele
nun mit den Kindern. Wir wollen dich fangen,
fröhliche Erde. Dem Frohsten gelingts.

O, was der Lehrer sie lehrte, das Viele,
und was gedruckt steht in Wurzeln und langen
schwierigen Stämmen: sie singts, sie singts!

Die Sonette an Orpheus. Erster Teil. XXI

BÄCHE, DIE VORÜBERGEHEN

Wir sind gewohnt, mit Gestalten zu rechnen, – und die Landschaft hat keine Gestalt, wir sind gewohnt aus Bewegungen auf Willensakte zu schließen, und die Landschaft *will* nicht, wenn sie sich bewegt. Die Wasser gehn, und in ihnen schwanken und zittern die Bilder der Dinge. Und im Winde, der in den alten Bäumen rauscht, wachsen die jungen Wälder heran, wachsen in eine Zukunft, die wir nicht erleben werden. Wir pflegen, bei den Menschen, vieles aus ihren Händen zu schließen und alles aus ihrem Gesicht, in welchem, wie auf einem Zifferblatt, die Stunden sichtbar sind, die ihre Seele tragen und wiegen. Die Landschaft aber steht ohne Hände da und hat kein Gesicht, – oder aber sie ist ganz Gesicht und wirkt durch die Größe und Unübersehbarkeit ihrer Züge furchtbar und niederdrückend auf den Menschen, etwa wie jene Geistererscheinung auf dem bekannten Blatte des japanischen Malers Hokusai.

Worpswede

FRÜHLING
für Katharina Kippenberg

Nicht so sehr der neue Schimmer tats,
daß wir meinen, Frühling mitzuwissen,
als ein Spiel von sanften Schattenrissen
auf der Klärung eines Gartenpfads.

Schatten eignet uns den Garten an.
Blätterschatten lindert unsern Schrecken,
wenn wir in der Wandlung, die begann,
uns schon vorverwandelter entdecken.

Aus einem April

Wieder duftet der Wald.
Es heben die schwebenden Lerchen
mit sich den Himmel empor, der unseren Schultern schwer war;
zwar sah man noch durch die Äste den Tag, wie er leer war,–
aber nach langen, regnenden Nachmittagen
kommen die goldübersonnten
neueren Stunden,
vor denen flüchtend an fernen Häuserfronten
alle die wunden
Fenster furchtsam mit Flügeln schlagen.

Dann wird es still. Sogar der Regen geht leiser
über der Steine ruhig dunkelnden Glanz.
Alle Geräusche ducken sich ganz
in die glänzenden Knospen der Reiser.

BLÜTE AN BLÜTE

[...] hier ist wieder ein Tag voll Unruhe und Gewaltsamkeit. Sturm gegen Sturm über dem Meer. Fliehendes Licht. Nacht im Wald. Und das große Geräusch über allem. Ich war den ganzen Vormittag im Wald, und, nach vier oder fünf grellen Tagen, tat das Dunkel, das dort wohnte, allen Sinnen wohl und die Kühle und der fast scharfe Wind. Du mußt Dir diesen Wald, sehr, sehr hochstämmig denken, dunkle, grade Pinienstämme und hoch oben ihre aufgetanen Zweige. Der Boden ganz dunkel von Nadeln und bedeckt mit sehr hohen stachligen Ginsterbüschen, die ganz voll gelber Blüten sind, Blüte an Blüte. Und heute leuchtete dieses Gelb in der kühlen, fast nächtlichen Dämmerung und wiegte sich und winkte, und der Wald war von unten erhellt und sehr einsam.

An Clara Rilke, 8. April 1903

Blumenmuskel, der der Anemone
Wiesenmorgen nach und nach erschließt,
bis in ihren Schoß das polyphone
Licht der lauten Himmel sich ergießt,

in den stillen Blütenstern gespannter
Muskel des unendlichen Empfangs,
manchmal *so* von Fülle übermannter,
daß der Ruhewink des Untergangs

kaum vermag die weitzurückgeschnellten
Blätterränder dir zurückzugeben:
du, Entschluß und Kraft von *wie*viel Welten!

Wir, Gewaltsamen, wir währen länger.
Aber *wann*, in welchem aller Leben,
sind wir endlich offen und Empfänger?

Die Sonette an Orpheus. Zweiter Teil. V

Wiesengrün, blühende Bäume

Kennen Sie dies auch so besonders: ein gegen Abend eingedeckter Himmel, Wiesengrün, blühende Bäume, halb davor, halb in grauer lautloser Luft? Für mich gehörts zum Unvergeßlichsten: blühende Bäume ohne Sonne bei nahendem Regen, von dem schon einzelne Vogelstimmen vorhersagen, wie er sein wird. Ach wenn mirs doch noch einmal so im Innern würde, wie's dann in der Natur ist, nicht einmal hell, aber still und zukünftig.
An Marie von Thurn und Taxis, 6. April 1912

Der fremde Strauch

Im nächsten Frühjahr stand mitten im Beete zwischen den schlanken Feuerlilien ein kleiner Strauch. Er hatte schmale, schwärzliche Blätter, etwas spitz, ähnlich denen des Lorbeers, und es lag ein sonderbarer Glanz auf ihrer Dunkelheit. Der Mann nahm sich täglich vor, zu fragen, woher diese Pflanze stamme. Aber er unterließ es täglich. In einem verwandten Gefühl verschwieg auch das Weib von einem Tag zum andern die Aufklärung. Aber die unterdrückte Frage auf der einen, die niegewagte Antwort auf der anderen Seite, führte die beiden Menschen oft bei diesem Strauch zusammen, der sich in seiner grünen Dunkelheit so seltsam von dem Garten unterschied. Als das nächste Frühjahr kam, da beschäftigten sie sich, wie mit den anderen Gewächsen, auch mit dem Strauch, und sie wurden traurig, als er, umringt von lauter steigenden Blüten, unverändert und stumm, wie im ersten Jahr, gegen alle Sonne taub, sich erhob. Damals beschlossen sie, ohne es einander zu verraten, gerade *diesem* im dritten Frühjahr ihre ganze Kraft zu widmen, und als dieses Frühjahr erschien, erfüllten sie leise und Hand in Hand, was sich jeder versprochen hatte. Der Garten umher verwilderte, und die Feuerlilien schienen blasser als sonst zu sein. Aber einmal, als sie nach einer schweren, bedeckten Nacht in den Morgengarten, den stillen, schimmernden traten, da wußten sie: Aus den schwarzen, scharfen Blättern des fremden Strauches war unversehrt eine blasse, blaue Blüte gestiegen, welcher die Knospenschalen schon an allen Seiten enge wurden. Und sie standen davor vereint und schweigend, und jetzt wußten sie sich erst recht nichts zu sagen. Denn sie dachten: Nun blüht der Tod, und neigten sich zugleich, um den Duft der jungen Blüte zu kosten.

Geschichten vom lieben Gott

Es leuchteten im Garten die Syringen,
von einem Ave war der Abend voll, –
da war es, daß wir voneinander gingen
in Gram und Groll.

Die Sonne war in heißen Fieberträumen
gestorben hinter grauen Hängen weit,
und jetzt verglomm auch hinter Blütenbäumen
dein weißes Kleid.

Ich sah den Schimmer nach und nach vergehen
und bangte bebend wie ein furchtsam Kind,
das lange in ein helles Licht gesehen:
Bin ich jetzt blind? –

[…]
O und der Frühling begriffe –, da ist keine Stelle,
die nicht trüge den Ton der Verkündigung. Erst jenen kleinen
fragenden Auflaut, den, mit steigernder Stille,
weithin umschweigt ein reiner bejahender Tag.
Dann die Stufen hinan, Ruf-Stufen hinan, zum geträumten
Tempel der Zukunft –; dann den Triller, Fontäne,
die zu dem drängenden Strahl schon das Fallen zuvornimmt
im versprechlichen Spiel …. Und vor sich, den Sommer.

Nicht nur die Morgen alle des Sommers –, nicht nur
wie sie sich wandeln in Tag und strahlen vor Anfang.
Nicht nur die Tage, die zart sind um Blumen, und oben,
um die gestalteten Bäume, stark und gewaltig.
Nicht nur die Andacht dieser entfalteten Kräfte,
nicht nur die Wege, nicht nur die Wiesen im Abend,
nicht nur, nach spätem Gewitter, das atmende Klarsein,
nicht nur der nahende Schlaf und ein Ahnen, abends …
sondern die Nächte! Sondern die hohen, des Sommers,
Nächte, sondern die Sterne, die Sterne der Erde.
O einst tot sein und sie wissen unendlich,
alle die Sterne: denn wie, wie, wie sie vergessen!
[…]

Duineser Elegien. Die siebente Elegie

Wege und Wasserläufe

Es ist ein seltsames Land. Wenn man auf dem kleinen Sandberg von Worpswede steht, kann man es ringsum ausgebreitet sehen, ähnlich jenen Bauerntüchern, die auf dunklem Grund Ecken tief leuchtender Blumen zeigen. Flach liegt es da, fast ohne Falte, und die Wege und Wasserläufe führen weit in den Horizont hinein. Dort beginnt ein Himmel von unbeschreiblicher Veränderlichkeit und Größe. Er spiegelt sich in jedem Blatt. Alle Dinge scheinen sich mit ihm zu beschäftigen; er ist überall. Und überall ist das Meer. Das Meer, das nicht mehr ist, das einmal vor Jahrtausenden hier stieg und fiel und dessen Düne der Sandberg war, auf dem Worpswede liegt. Die Dinge können es nicht vergessen. Das große Rauschen, das die alten Föhren des Berges erfüllt, scheint sein Rauschen zu sein und der Wind, der breite mächtige Wind, bringt seinen Duft. Das Meer ist die Historie dieses Landes. Es hat kaum eine andere Vergangenheit.

    Einst, als das Meer zurücktrat, da begann es sich zu formen. Pflanzen, die wir nicht kennen, erhoben sich, und es war ein rasches und hastiges Wachsen in dem fetten faltigen Schlamm. Aber das Meer, als ob es sich nicht trennen könnte, kam immer wieder mit seinen äußersten Wassern in die verlassenen Gebiete und endlich blieben schwarze schwankende Sümpfe zurück, voll von feuchtem Getier und langsam vermodernder Fruchtbarkeit. So lagen die Flächen allein, ganz mit sich beschäftigt, jahrhundertelang. Das Moor bildete sich. Und endlich begann es sich an einzelnen Stellen zu schließen, leise, wie eine Wunde sich schließt.

Worpswede

Schlaf-Mohn

Abseits im Garten blüht der böse Schlaf,
in welchem die, die heimlich eingedrungen,
die Liebe fanden junger Spiegelungen,
die willig waren, offen und konkav,

und Träume, die mit aufgeregten Masken
auftraten, riesiger durch die Kothurne –:
das alles stockt in diesen oben flasken
weichlichen Stengeln, die die Samenurne

(nachdem sie lang, die Knospe abwärts tragend,
zu welken meinten) festverschlossen heben:
gefranste Kelche auseinanderschlagend,
die fieberhaft das Mohngefäß umgeben.

Birken

Er liegt auf dem unbequemen Sofa und denkt an diesen Garten mit den weiten blassen Wiesen und den Hügeln, zu denen still und schlicht die Birken hinansteigen. Wohin? In den Himmel. Und plötzlich kommt es ihm unerhört komisch vor, sich eine Birke, eine junge, dünne Birke anderswo zu denken, als im Himmel. Gewiß, es gibt nur im Himmel Birken, gewiß. Was sollten die denn unten? Man denke nur neben diesen breiten braunen Stämmen – ebensogut könnte es Sterne geben an der Zimmerdecke. Aber plötzlich fragt er: »Was pflücken Sie, Jeanne?« – »Sterne.« Er überlegt einen Augenblick und sagt dann: »Das ist gut, Jeanne, das ist sehr gut.« Und er fühlt ein Wohlbehagen im ganzen Körper, bis ein heftiger Schmerz im Kreuz es zerstört. Ich hab mich zu sehr angestrengt, ich habe ja den ganzen Vormittag Blumen gepflückt. Wie kann man auch? Vormittag? Lächerlich: zwei Tage, vierzehn Tage, ooh überhaupt. Aber da kommt ja Jeanne durch die Allee, durch diese lange Allee von Pappeln. Endlich ist sie nahe. Mohn! sagt Ewald enttäuscht. Mohn! wer wird denn Mohn holen? Ein Sturm, und alles ist fort. Sie werden sehen. Und was dann? ja, was dann? ...

Ewald Tragy

IRRE IM GARTEN
Dijon

Noch schließt die aufgegebene Kartause
sich um den Hof, als würde etwas heil.
Auch die sie jetzt bewohnen, haben Pause
und nehmen nicht am Leben draußen teil.

Was irgend kommen konnte, das verlief.
Nun gehn sie gerne mit bekannten Wegen,
und trennen sich und kommen sich entgegen,
als ob sie kreisten, willig, primitiv.

Zwar manche pflegen dort die Frühlingsbeete,
demütig, dürftig, hingekniet;
aber sie haben, wenn es keiner sieht,
eine verheimlichte, verdrehte

Gebärde für das zarte frühe Gras,
ein prüfendes, verschüchtertes Liebkosen:
denn das ist freundlich, und das Rot der Rosen
wird vielleicht drohend sein und Übermaß

und wird vielleicht schon wieder übersteigen,
was ihre Seele wiederkennt und weiß.
Dies aber läßt sich noch verschweigen:
wie gut das Gras ist und wie leis.

Feigenbaum, seit wie lange schon ists mir bedeutend,
wie du die Blüte beinah ganz überschlägst
und hinein in die zeitig entschlossene Frucht,
ungerühmt, drängst dein reines Geheimnis.
Wie der Fontäne Rohr treibt dein gebognes Gezweig
abwärts den Saft und hinan: und er springt aus dem Schlaf,
fast nicht erwachend, ins Glück seiner süßesten Leistung.
Sieh: wie der Gott in den Schwan.
              …… Wir aber verweilen,
ach, uns rühmt es zu blühn, und ins verspätete Innre
unserer endlichen Frucht gehn wir verraten hinein.
Wenigen steigt so stark der Andrang des Handelns,
daß sie schon anstehn und glühn in der Fülle des Herzens,
wenn die Verführung zum Blühn wie gelinderte Nachtluft
ihnen die Jugend des Munds, ihnen die Lider berührt:
Helden vielleicht und den frühe Hinüberbestimmten,
denen der gärtnernde Tod anders die Adern verbiegt.
Diese stürzen dahin: dem eigenen Lächeln
sind sie voran, wie das Rossegespann in den milden
muldigen Bildern von Karnak dem siegenden König.
[…]

Duineser Elegien. Die sechste Elegie

Im vollen Grünsein der Kastanien

Als ich herkam, schneite es, nun ist der Flieder fast vorüber, der Rot- und Weißdorn bevölkert sich mit Blüten, und im vollen Grünsein der Kastanien werden morgen oder übermorgen die blühenden Städte und Türme stehen: was hat die Natur alles getan. Und was tun die Menschen alles,– ich weiß nicht, was sie tun, aber sie sehen größtenteils beschäftigt aus oder wenigstens verliebt, sie sind in Bewegung, ich bin sicher, sie leisten allerhand, sie spielen ihre Rollen, sie schreiben Briefe, und dabei bleibt noch Zeit übrig, zähe Zeit, auf die sie laut loshauen wie auf einen Clown, um sie nur loszuwerden. Mich überholt alles, mir kommt fortwährend Zeit zuvor, ich seh ihr in den Rücken wie ein Nachzügler, wie ein Marodeur; zum Teufel, wann wird das aufhören? Nun glauben Sie nicht, daß ich mich beklage oder daß Paris mich enttäuscht. Im Gegenteil, ich finde es wieder so vollzählig und in sich bewegt, so einstimmig mit dem Frühling, aus dem es so viel macht, wie eine schöne Frau aus einem Kleid machen kann, das sie gerne und in einer von sich überzeugten Stunde trägt.

An Marie von Thurn und Taxis, 10. Mai 1911

Die stille Waldstrasse hinauf

Wir fuhren zurück bis Jasinski; mieteten dort einen Wagen und jagten mit atemlosen Glocken bis an den Rand des Hügels heran, auf welchem die armen Hütten von Jasnaja stehen, zu einem Dorfe zusammengetrieben, aber doch ohne Zusammenhang, wie eine Herde, die traurig auf abgebrauchtem Weideland herumsteht. Gruppen von Weibern und Kindern sind nur rote, sonnige Flecken in dem gleichen Grau, das über Boden, Dächern und Mauern liegt wie eine sehr üppige Moosart, die seit Jahrhunderten ungestört alles überwächst. Dann senkt sich die kaum erkennbare, ewig unter leeren Plätzen hinfließende Straße, und ihr grauer Streifen gleitet sanft in ein grünes, von Wipfeln schäumendes Tal, in welchem links zwei runde mit grünen Kuppeln überdeckte Türmchen den Eingang des alten, verwilderten Parkes bezeichnen, in dem verheimlicht das einfache Haus von Jasnaja Piojana liegt. Vor diesem Tore steigen wir ab und gehen leise wie Pilger die stille Waldstraße hinauf, bis das Haus immer weißer und länger hervortritt.

An Sofia Nikolajewna Schill, 20. Mai 1900

Wie vor dem Einzug, wie in leeren Gemächern,
hämmert der Specht an dem Stamme der kahlen
Ulme. Von Zukunftsplänen strahlen
die Winde über den Dächern.

Dies wird einmal der Sommer sein.
Eine vollendete Wohnung.
Welches Gedräng an der Tür!
Alles zieht selig ein.
Wie zur Belohnung.
Wofür?

Sommer

Alles ist überall

Schon bricht das Glück, verhalten viel zu lang,
höher hervor und überfüllt die Wiese;
der Sommer fühlt schon, der sich streckt, der Riese,
im alten Nußbaum seiner Jugend Drang.

Die leichten Blüten waren bald verstreut,
das ernstre Grün tritt handelnd in die Bäume,
und, rund um sie, wie wölbten sich die Räume,
und wieviel morgen war von heut zu heut.

Die Erdbeeren blühen

Der Sommer geht schnell. Hier wenigstens scheint es einem, daß er mit großer Geschwindigkeit herankäme. Kannst Du Dir denken, daß die Avenue de l'Observatoire dicht und grün ist, so wie damals, als ich, von Viareggio zurückkehrend, dort auf und nieder ging. Und im Luxembourg ist lauter Schatten auf den oberen Terrassen, und die Kleider der Mädchen schimmern schon verhaltener und nuancierter unter den vollen Kastanien –: nicht mehr in ihrer ganz blanken frühlingshellen Weiße. Und hier im Garten ging gestern schon eine blaue Iris auf; die Erdbeeren blühen, auch die Johannisbeerbüsche draußen sah ich in Blüten stehen. Die kleinen neuen hellgrünen Wappenadler sind aufgepflanzt an den runden Feigengebüschen. Und nun seit gestern (nach vielen, vielen sommerwarmen, strahlenden Tagen) fällt, Tag und Nacht, ein linder, stiller Regen, dicht, sanft und voll, wie aus der Siebrose einer Gießkanne: comme tombant d'un arrosoir, hat man Lust zu sagen, weil das noch dunkler und voller klingt und fällt. Und das Grün wächst unter diesem Regen: nimmt zu und drängt sich, und da und dort tut sichs auf, ganz frisch und neu …

An Clara Rilke, 19. April 1906

Dichter, junger Sommer

Denn was hier sich begiebt ist, weiß Gott, seit drei, vier Tagen kein Frühling mehr, ist dichter, junger Sommer. Die Hiacynthen in meinem kleinen Beet, die lange gezögert haben, reißen ihre Blütenaugen auf wie einer, den ein Wecker aufhämmert, und stehen schon ganz lang und aufrecht da. Die Ulmen und Eichen bei meinem Hause sind voll, der Judasbaum blüht ab und alle seine Blätter sind über Nacht fertig; und ein Syringenbaum, der vor drei Tagen erst seine Trauben ausstreckte, ist schon im Welken und Verbrennen. Die Nächte sind kaum mehr kühl und der geschäftige Lärm der Frösche ist ihre Stimme. Die Eulen rufen seltener und die Nachtigall hat noch immer nicht begonnen. Ob sie nun noch singen wird, da es Sommer ist?

    Sommer in Rom. Das ist eine neue Noth. Ich glaubte ihn noch fern und sehnte mich danach, jetzt, wenn meine Mutter wieder abgereist sein wird, noch ein bis zwei nicht zu drückende Arbeitsmonate zu haben. Und ich hoffe noch immer, daß das möglich ist, daß es doch noch wieder Frühling wird nach ein paar Probe-Sommertagen.

An Lou Andreas-Salomé, 15. April 1904

BEGEGNUNG IN DER KASTANIEN-ALLEE

Ihm ward des Eingangs grüne Dunkelheit
kühl wie ein Seidenmantel umgegeben
den er noch nahm und ordnete: als eben
am andern transparenten Ende, weit,

aus grüner Sonne, wie aus grünen Scheiben,
weiß eine einzelne Gestalt
aufleuchtete, um lange fern zu bleiben
und schließlich, von dem Lichterniedertreiben
bei jedem Schritte überwallt,

ein helles Wechseln auf sich herzutragen,
das scheu im Blond nach hinten lief.
Aber auf einmal war der Schatten tief,
und nahe Augen lagen aufgeschlagen

in einem neuen deutlichen Gesicht,
das wie in einem Bildnis verweilte
in dem Moment, da man sich wieder teilte:
erst war es immer, und dann war es nicht.

Siehe die Blumen, diese dem Irdischen treuen,
denen wir Schicksal vom Rande des Schicksals leihn, –
aber wer weiß es! Wenn sie ihr Welken bereuen,
ist es an uns, ihre Reue zu sein.

Alles will schweben. Da gehn wir umher wie Beschwerer,
legen auf alles uns selbst, vom Gewichte entzückt;
o was sind wir den Dingen für zehrende Lehrer,
weil ihnen ewige Kindheit glückt.

Nähme sie einer ins innige Schlafen und schliefe
tief mit den Dingen –: o wie käme er leicht,
anders zum anderen Tag, aus der gemeinsamen Tiefe.

Oder er bliebe vielleicht; und sie blühten und priesen
ihn, den Bekehrten, der nun den Ihrigen gleicht,
allen den stillen Geschwistern im Winde der Wiesen.

Die Sonette an Orpheus. Zweiter Teil. XIV

Julimorgen

Es muß dies eine von jenen Tagesfrühen gewesen sein, wie es solche im Juli giebt, neue, ausgeruhte Stunden, in denen überall etwas frohes Unüberlegtes geschieht. Aus Millionen kleinen ununterdrückbaren Bewegungen setzt sich ein Mosaik überzeugtesten Daseins zusammen; die Dinge schwingen ineinander hinüber und hinaus in die Luft, und ihre Kühle macht den Schatten klar und die Sonne zu einem leichten, geistigen Schein. Da giebt es im Garten keine Hauptsache; alles ist überall, und man müßte in allem sein, um nichts zu versäumen.

Die Aufzeichnungen des Malte Laurids Brigge

IN EINEM FREMDEN PARK
Borgeby-Gård

Zwei Wege sinds. Sie führen keinen hin.
Doch manchmal, in Gedanken, läßt der eine
dich weitergehn. Es ist, als gingst du fehl;
aber auf einmal bist du im Rondel
alleingelassen wieder mit dem Steine
und wieder auf ihm lesend: Freiherrin
Brite Sophie – und wieder mit dem Finger
abfühlend die zerfallne Jahreszahl –.
Warum wird dieses Finden nicht geringer?

Was zögerst du ganz wie zum ersten Mal
erwartungsvoll auf diesem Ulmenplatz,
der feucht und dunkel ist und niebetreten?

Und was verlockt dich für ein Gegensatz,
etwas zu suchen in den sonnigen Beeten,
als wärs der Name eines Rosenstocks?

Was stehst du oft? Was hören deine Ohren?
Und warum siehst du schließlich, wie verloren,
die Falter flimmern um den hohen Phlox.

Blumen, ihr schließlich den ordnenden Händen verwandte,
(Händen der Mädchen von einst und jetzt),
die auf dem Gartentisch oft von Kante zu Kante
lagen, ermattet und sanft verletzt,

wartend des Wassers, das sie noch einmal erhole
aus dem begonnenen Tod –, und nun
wieder erhobene zwischen die strömenden Pole
fühlender Finger, die wohlzutun

mehr noch vermögen, als ihr ahnet, ihr leichten,
wenn ihr euch wiederfandet im Krug,
langsam erkühlend und Warmes der Mädchen, wie Beichten,

von euch gebend, wie trübe ermüdende Sünden,
die das Gepflücktsein beging, als Bezug
wieder zu ihnen, die sich euch blühend verbünden.

Die Sonette an Orpheus. Zweiter Teil. VII

BLAUE HORTENSIE

So wie das letzte Grün in Farbentiegeln
sind diese Blätter, trocken, stumpf und rauh,
hinter den Blütendolden, die ein Blau
nicht auf sich tragen, nur von ferne spiegeln.

Sie spiegeln es verweint und ungenau,
als wollten sie es wiederum verlieren,
und wie in alten blauen Briefpapieren
ist Gelb in ihnen, Violett und Grau;

Verwaschnes wie an einer Kinderschürze,
Nichtmehrgetragnes, dem nichts mehr geschieht:
wie fühlt man eines kleinen Lebens Kürze.

Doch plötzlich scheint das Blau sich zu verneuen
in einer von den Dolden, und man sieht
ein rührend Blaues sich vor Grünem freuen.

Rosa Hortensie

Wer nahm das Rosa an? Wer wußte auch,
daß es sich sammelte in diesen Dolden?
Wie Dinge unter Gold, die sich entgolden,
entröten sie sich sanft, wie im Gebrauch.

Daß sie für solches Rosa nichts verlangen.
Bleibt es für sie und lächelt aus der Luft?
Sind Engel da, es zärtlich zu empfangen,
wenn es vergeht, großmütig wie ein Duft?

Oder vielleicht auch geben sie es preis,
damit es nie erführe vom Verblühn.
Doch unter diesem Rosa hat ein Grün
gehorcht, das jetzt verwelkt und alles weiß.

PERSISCHES HELIOTROP

Es könnte sein, daß dir der Rose Lob
zu laut erscheint für deine Freundin: Nimm
das schön gestickte Kraut und überstimm
mit dringend flüsterndem Heliotrop

den Bülbül, der an ihren Lieblingsplätzen
sie schreiend preist und sie nicht kennt.
Denn sieh: wie süße Worte nachts in Sätzen
beisammenstehn ganz dicht, durch nichts getrennt,
aus der Vokale wachem Violett
hindüftend durch das stille Himmelbett –:

so schließen sich vor dem gesteppten Laube
deutliche Sterne zu der seidnen Traube
und mischen, daß sie fast davon verschwimmt,
die Stille mit Vanille und mit Zimmt.

Papageien-Park
Jardin des Plantes, Paris

Unter türkischen Linden, die blühen, an Rasenrändern,
in leise von ihrem Heimweh geschaukelten Ständern
atmen die Ara und wissen von ihren Ländern,
die sich, auch wenn sie nicht hinsehn, nicht verändern.

Fremd im beschäftigten Grünen wie eine Parade,
zieren sie sich und fühlen sich selber zu schade,
und mit den kostbaren Schnäbeln aus Jaspis und Jade
kauen sie Graues, verschleudern es, finden es fade.

Unten klauben die duffen Tauben, was sie nicht mögen,
während sich oben die höhnischen Vögel verbeugen
zwischen den beiden fast leeren vergeudeten Trögen.

Aber dann wiegen sie wieder und schläfern und äugen,
spielen mit dunkelen Zungen, die gerne lögen,
zerstreut an den Fußfesselringen. Warten auf Zeugen.

Übung am Klavier

Der Sommer summt. Der Nachmittag macht müde;
sie atmete verwirrt ihr frisches Kleid
und legte in die triftige Etüde
die Ungeduld nach einer Wirklichkeit,

die kommen konnte: morgen, heute abend –,
die vielleicht da war, die man nur verbarg;
und vor den Fenstern, hoch und alles habend,
empfand sie plötzlich den verwöhnten Park.

Da brach sie ab; schaute hinaus, verschränkte
die Hände; wünschte sich ein langes Buch –
und schob auf einmal den Jasmingeruch
erzürnt zurück. Sie fand, daß er sie kränkte.

Schau, wie die Zypressen schwärzer werden
in den Wiesengründen, und auf wen
in den unbetretbaren Alleen
die Gestalten mit den Steingebärden
weiterwarten, die uns übersehn.

Solchen stillen Bildern will ich gleichen
und gelassen aus den Rosen reichen,
welche wiederkommen und vergehn;
immerzu wie einer von den Teichen
dunkle Spiegel immergrüner Eichen
in mir halten, und die großen Zeichen
ungezählter Nächte näher sehn.

Ich bin zu Hause zwischen Tag und Traum.
Dort wo die Kinder schläfern, heiß vom Hetzen,
dort wo die Alten sich zu Abend setzen,
und Herde glühn und hellen ihren Raum.

Ich bin zu Hause zwischen Tag und Traum.
Dort wo die Abendglocken klar verklangen
und Mädchen, vom Verhallenden befangen,
sich müde stützen auf den Brunnensaum.

Und eine Linde ist mein Lieblingsbaum;
und alle Sommer, welche in ihr schweigen,
rühren sich wieder in den tausend Zweigen
und wachsen wieder zwischen Tag und Traum.

Schwere, reife Felder

Die trägen, lässigen Sommertage gingen langsam dem Feste von Mariens Himmelfahrt entgegen. Eine schwere Traurigkeit lag über Wankas. Das Heimweh, welches die vier Menschen schon fast vergessen hatten, kam wieder in einer anderen, unerwarteten Gestalt über sie. Sie sehnten sich nicht mehr nach der Vergangenheit, sondern sie träumten in den heißen Stuben hinter dichtverhangenen Fenstern von dem leichten, luftigen Dorfsommer, dem die kühlen Wälder so nachbarlich sind. Von den hellen Feldwegen, über welche die jungen Obstbäumchen ihre rührend dünnen Schatten legen, so daß man drüber hin wie auf einer Leiter geht, von Strich zu Strich. Von den schweren, reifen Feldern, die so breit und prächtig zu wogen beginnen gegen den Abend zu, und von den Hainen, in deren dunkelnder Stille die schweigsamen Teiche liegen, von denen niemand weiß, wie tief sie sind. Und dabei dachte jeder von den vier Menschen an irgend eine bestimmte unbedeutende Stunde, deren kleines Glück man einst, ohne es zu werten, eben so mitgenommen hatte. Und um so schmerzlicher war dieses Sehnen, als es nicht ein Unwiederbringliches betraf, als jeder fühlte, wie der heitere Heimatsommer ihn erwartete und traurig wurde, wenn keiner kam. Um ihm wenigstens näher zu sein, machte man kleine Ausflüge die Moldau entlang, und die Försterswitwe glaubte am leichtesten den kleinen Wäldern hinter Kuchelbad ihre gutmütige ländliche Lüge und wurde von jener unmerklichen Fröhlichkeit erfüllt, welche alten, arbeitsamen Leuten eigen ist. Sie war still und in sich gekehrt und lächelte kaum, aber die Falten um die Lippen waren vergangen, und das gab ihrem Gesicht etwas Junges und Sonniges, wie sie es vielleicht als Braut nicht besessen hatte.

Die Geschwister (Zwei Prager Geschichten)

WILDER ROSENBUSCH

Wie steht er da vor den Verdunkelungen
des Regenabends, jung und rein;
in seinen Ranken schenkend ausgeschwungen
und doch versunken in sein Rose-sein;

die flachen Blüten, da und dort schon offen,
jegliche ungewollt und ungepflegt:
so, von sich selbst unendlich übertroffen
und unbeschreiblich aus sich selbst erregt,

ruft er dem Wandrer, der in abendlicher
Nachdenklichkeit den Weg vorüberkommt:
Oh sieh mich stehn, sieh her, was bin ich sicher
und unbeschützt und habe was mir frommt.

Errichtet keinen Denkstein. Laßt die Rose
nur jedes Jahr zu seinen Gunsten blühn.
Denn Orpheus ists. Seine Metamorphose
in dem und dem. Wir sollen uns nicht mühn

um andre Namen. Ein für alle Male
ists Orpheus, wenn es singt. Er kommt und geht.
Ists nicht schon viel, wenn er die Rosenschale
um ein paar Tage manchmal übersteht?

O wie er schwinden muß, daß ihrs begrifft!
Und wenn ihm selbst auch bangte, daß er schwände.
Indem sein Wort das Hiersein übertrifft,

ist er schon dort, wohin ihrs nicht begleitet.
Der Leier Gitter zwängt ihm nicht die Hände.
Und er gehorcht, indem er überschreitet.

Die Sonette an Orpheus. Erster Teil. V

Die Rosenschale

Zornige sahst du flackern, sahst zwei Knaben
zu einem Etwas sich zusammenballen,
das Haß war und sich auf der Erde wälzte
wie ein von Bienen überfallnes Tier;
Schauspieler, aufgetürmte Übertreiber,
rasende Pferde, die zusammenbrachen,
den Blick wegwerfend, bläkend das Gebiß
als schälte sich der Schädel aus dem Maule.

Nun aber weißt du, wie sich das vergißt:
denn vor dir steht die volle Rosenschale,
die unvergeßlich ist und angefüllt
mit jenem Äußersten von Sein und Neigen,
Hinhalten, Niemals-Gebenkönnen, Dastehn,
das unser sein mag: Äußerstes auch uns.

Lautloses Leben, Aufgehn ohne Ende,
Raum-brauchen ohne Raum von jenem Raum
zu nehmen, den die Dinge rings verringern,
fast nicht Umrissen-sein wie Ausgespartes
und lauter Inneres, viel seltsam Zartes
und Sich-bescheinendes – bis an den Rand:
ist irgend etwas uns bekannt wie dies?

Und dann wie dies: daß ein Gefühl entsteht,
weil Blütenblätter Blütenblätter rühren?
Und dies: daß eins sich aufschlägt wie ein Lid,
und drunter liegen lauter Augenlider,
geschlossene, als ob sie, zehnfach schlafend,
zu dämpfen hätten eines Innern Sehkraft.

Und dies vor allem: daß durch diese Blätter
das Licht hindurch muß. Aus den tausend Himmeln
filtern sie langsam jenen Tropfen Dunkel,
in dessen Feuerschein das wirre Bündel
der Staubgefäße sich erregt und aufbäumt.

Und die Bewegung in den Rosen, sieh:
Gebärden von so kleinem Ausschlagswinkel,
daß sie unsichtbar blieben, liefen ihre
Strahlen nicht auseinander in das Weltall.

Sieh jene weiße, die sich selig aufschlug
und dasteht in den großen offnen Blättern
wie eine Venus aufrecht in der Muschel;
und die errötende, die wie verwirrt
nach einer kühlen sich hinüberwendet,
und wie die kühle fühllos sich zurückzieht,
und wie die kalte steht, in sich gehüllt,
unter den offenen, die alles abtun.
Und *was* sie abtun, wie das leicht und schwer,
wie es ein Mantel, eine Last, ein Flügel
und eine Maske sein kann, je nach dem,
und *wie* sie's abtun: wie vor dem Geliebten.

Was können sie nicht sein: war jene gelbe,
die hohl und offen daliegt, nicht die Schale
von einer Frucht, darin dasselbe Gelb,
gesammelter, orangeröter, Saft war?
Und wars für diese schon zu viel, das Aufgehn,
weil an der Luft ihr namenloses Rosa

den bittern Nachgeschmack des Lila annahm?
Und die batistene, ist sie kein Kleid,
in dem noch zart und atemwarm das Hemd steckt,
mit dem zugleich es abgeworfen wurde
im Morgenschatten an dem alten Waldbad?
Und diese hier, opalnes Porzellan,
zerbrechlich, eine flache Chinatasse
und angefüllt mit kleinen hellen Faltern, –
und jene da, die nichts enthält als sich.

Und sind nicht alle so, nur sich enthaltend,
wenn Sich-enthalten heißt: die Welt da draußen
und Wind und Regen und Geduld des Frühlings
und Schuld und Unruh und vermummtes Schicksal
und Dunkelheit der abendlichen Erde
bis auf der Wolken Wandel, Flucht und Anflug,
bis auf den vagen Einfluß ferner Sterne
in eine Hand voll Innres zu verwandeln.

Nun liegt es sorglos in den offnen Rosen.

DAS ROSEN-INNERE

Wo ist zu diesem Innen
ein Außen? Auf welches Weh
legt man solches Linnen?
Welche Himmel spiegeln sich drinnen
in dem Binnensee
dieser offenen Rosen,
dieser sorglosen, sieh:
wie sie lose im Losen
liegen, als könnte nie
eine zitternde Hand sie verschütten.
Sie können sich selber kaum
halten; viele ließen
sich überfüllen und fließen
über von Innenraum
in die Tage, die immer
voller und voller sich schließen,
bis der ganze Sommer ein Zimmer
wird, ein Zimmer in einem Traum.

Die Anfahrt

War in des Wagens Wendung dieser Schwung?
War er im Blick, mit dem man die barocken
Engelfiguren, die bei blauen Glocken
im Felde standen voll Erinnerung,

annahm und hielt und wieder ließ, bevor
der Schloßpark schließend um die Fahrt sich drängte,
an die er streifte, die er überhängte
und plötzlich freigab: denn da war das Tor,

das nun, als hätte es sie angerufen,
die lange Front zu einer Schwenkung zwang,
nach der sie stand. Aufglänzend ging ein Gleiten

die Glastür abwärts; und ein Windhund drang
aus ihrem Aufgehn, seine nahen Seiten
heruntertragend von den flachen Stufen.

Der Phlox steht hoch

Gestern, an einem herrlichen, vollen Sommertag, mit vielen strahlenden und bunten Stunden, fuhren wir wieder, den Frühstückskorb auf dem Bock, aus, wie damals –; erst nach der Rabenau und von da, fast ohne Aufenthalt, weiter nach Appenborn, dem alten Stammsitz der einen Rabenauschen Hauptlinie. Ein kleiner bäurisch-senioraler Herrenhof mit Freitreppe und alten, eichenen Säulen; der Wirtschaftshof rund herum, so daß man ihn vom Saal aus übersieht, und mit einem alten, terrassenförmig nach dem Haus hin abfallenden Garten, in dem die Pächtersfrau alle Blumen zieht. Und der Phlox steht hoch neben den alten, zusammengezimmerten Apfelbäumen und Georginen und Gladiolen und des Tabaks tags verschlossenen Blütenstern ... Auf der Rückfahrt streikte Hassan wieder, was zur Folge hatte, daß wir einen Abend in »Großvaters Garten« hatten, im alten Londorfer Pavillon, wo der Kronleuchter brannte, mit einer strahlenden Festlichkeit hinausschimmernd in die Gartengänge, aus denen, wie von vielen Seiten her, das Geräusch des Springbrunnens kam. Diese Stunden waren sehr schön und voll von Erinnerungen, die kamen und gingen, ohne die unseren zu sein.

An Clara Rilke, 23. August 1903

LANDSCHAFT

Wie zuletzt, in einem Augenblick
aufgehäuft aus Hängen, Häusern, Stücken
alter Himmel und zerbrochnen Brücken,
und von drüben her, wie vom Geschick,
von dem Sonnenuntergang getroffen,
angeschuldigt, aufgerissen, offen –
ginge dort die Ortschaft tragisch aus:

fiele nicht auf einmal in das Wunde,
drin zerfließend, aus der nächsten Stunde
jener Tropfen kühlen Blaus,
der die Nacht schon in den Abend mischt,
so daß das von ferne Angefachte
sachte, wie erlöst, erlischt.

Ruhig sind die Tore und die Bogen,
durchsichtige Wolken wogen
über blassen Häuserreihn
die schon Dunkel in sich eingesogen;
aber plötzlich ist vom Mond ein Schein
durchgeglitten, licht, als hätte ein
Erzengel irgendwo sein Schwert gezogen.

Denn Gärten sind, – von Königen gebaut,
die eine kleine Zeit sich drin vergnügten
mit jungen Frauen, welche Blumen fügten
zu ihres Lachens wunderlichem Laut.
Sie hielten diese müden Parke wach;
sie flüsterten wie Lüfte in den Büschen,
sie leuchteten in Pelzen und in Plüschen,
und ihrer Morgenkleider Seidenrüschen
erklangen auf dem Kiesweg wie ein Bach.

Jetzt gehen ihnen alle Gärten nach –
und fügen still und ohne Augenmerk
sich in des fremden Frühlings helle Gammen
und brennen langsam mit des Herbstes Flammen
auf ihrer Äste großem Rost zusammen,
der kunstvoll wie aus tausend Monogrammen
geschmiedet scheint zu schwarzem Gitterwerk.

Und durch die Gärten blendet der Palast
(wie blasser Himmel mit verwischtem Lichte),
in seiner Säle welke Bilderlast
versunken wie in innere Gesichte,
fremd jedem Feste, willig zum Verzichte
und schweigsam und geduldig wie ein Gast.

Der Pavillon

Aber selbst noch durch die Flügeltüren
mit dem grünen regentrüben Glas
ist ein Spiegeln lächelnder Allüren
und ein Glanz von jenem Glück zu spüren,
das sich dort, wohin sie nicht mehr führen,
einst verbarg, verklärte und vergaß.

Aber selbst noch in den Stein-Guirlanden
über der nicht mehr berührten Tür
ist ein Hang zur Heimlichkeit vorhanden
und ein stilles Mitgefühl dafür –,

und sie schauern manchmal, wie gespiegelt,
wenn ein Wind sie schattig überlief;
auch das Wappen, wie auf einem Brief
viel zu glücklich, überstürzt gesiegelt,

redet noch. Wie wenig man verscheuchte:
alles weiß noch, weint noch, tut noch weh –.
Und im Fortgehn durch die tränenfeuchte
abgelegene Allee

fühlt man lang noch auf dem Rand des Dachs
jene Urnen stehen, kalt, zerspalten:
doch entschlossen, noch zusammzuhalten
um die Asche alter Achs.

Die Sonnenuhr

Selten reicht ein Schauer feuchter Fäule
aus dem Gartenschatten, wo einander
Tropfen fallen hören und ein Wander-
vogel lautet, zu der Säule,
die in Majoran und Koriander
steht und Sommerstunden zeigt;

nur sobald die Dame (der ein Diener
nachfolgt) in dem hellen Florentiner
über ihren Rand sich neigt,
wird sie schattig und verschweigt –.

Oder wenn ein sommerlicher Regen
aufkommt aus dem wogenden Bewegen
hoher Kronen, hat sie eine Pause;
denn sie weiß die Zeit nicht auszudrücken,
die dann in den Frucht- und Blumenstücken
plötzlich glüht im weißen Gartenhause.

RÖMISCHE FONTÄNE
Borghese

Zwei Becken, eins das andre übersteigend
aus einem alten runden Marmorrand,
und aus dem oberen Wasser leis sich neigend
zum Wasser, welches unten wartend stand,

dem leise redenden entgegenschweigend
und heimlich, gleichsam in der hohlen Hand,
ihm Himmel hinter Grün und Dunkel zeigend
wie einen unbekannten Gegenstand;

sich selber ruhig in der schönen Schale
verbreitend ohne Heimweh, Kreis aus Kreis,
nur manchmal träumerisch und tropfenweis

sich niederlassend an den Moosbehängen
zum letzten Spiegel, der sein Becken leis
von unten lächeln macht mit Übergängen.

Vor dem Sommerregen

Auf einmal ist aus allem Grün im Park
man weiß nicht was, ein Etwas, fortgenommen;
man fühlt ihn näher an die Fenster kommen
und schweigsam sein. Inständig nur und stark

ertönt aus dem Gehölz der Regenpfeifer,
man denkt an einen Hieronymus:
so sehr steigt irgend Einsamkeit und Eifer
aus dieser einen Stimme, die der Guß

erhören wird. Des Saales Wände sind
mit ihren Bildern von uns fortgetreten,
als dürften sie nicht hören was wir sagen.

Es spiegeln die verblichenen Tapeten
das ungewisse Licht von Nachmittagen,
in denen man sich fürchtete als Kind.

Abend in Skåne

Der Park ist hoch. Und wie aus einem Haus
tret ich aus seiner Dämmerung heraus
in Ebene und Abend. In den Wind,
denselben Wind, den auch die Wolken fühlen,
die hellen Flüsse und die Flügelmühlen,
die langsam mahlend stehn am Himmelsrand.
Jetzt bin auch ich ein Ding in seiner Hand,
das kleinste unter diesen Himmeln. – Schau:

Ist das Ein Himmel?:
               Selig lichtes Blau,
in das sich immer reinere Wolken drängen,
und drunter alle Weiß in Übergängen,
und drüber jenes dünne, große Grau,
warmwallend wie auf roter Untermalung,
und über allem diese stille Strahlung
sinkender Sonne.

               Wunderlicher Bau,
in sich bewegt und von sich selbst gehalten,
Gestalten bildend, Riesenflügel, Falten
und Hochgebirge vor den ersten Sternen
und plötzlich, da: ein Tor in solche Fernen,
wie sie vielleicht nur Vögel kennen …

Herbst

Die Blätter fallen, fallen wie von weit

Wo, in welchen immer selig bewässerten Gärten, an welchen
Bäumen, aus welchen zärtlich entblätterten Blüten-Kelchen
reifen die fremdartigen Früchte der Tröstung? Diese
köstlichen, deren du eine vielleicht in der zertretenen Wiese

deiner Armut findest. Von einem zum anderen Male
wunderst du dich über die Größe der Frucht,
über ihr Heilsein, über die Sanftheit der Schale,
und daß sie der Leichtsinn des Vogels dir nicht vorwegnahm
und nicht die Eifersucht

unten des Wurms. Giebt es denn Bäume, von Engeln beflogen,
und von verborgenen langsamen Gärtnern so seltsam gezogen,
daß sie uns tragen, ohne uns zu gehören?

Haben wir niemals vermocht, wir Schatten und Schemen,
durch unser voreilig reifes und wieder welkes Benehmen
jener gelassenen Sommer Gleichmut zu stören?

Die Sonette an Orpheus. Zweiter Teil. XVII

Die Sonne ist schwer

Es gibt keine Berge mehr, kaum einen Baum. Nichts wagt aufzustehen. Fremde Hütten hocken durstig an versumpften Brunnen. Nirgends ein Turm. Und immer das gleiche Bild. Man hat zwei Augen zuviel. Nur in der Nacht manchmal glaubt man den Weg zu kennen. Vielleicht kehren wir nächtens immer wieder das Stück zurück, das wir in der fremden Sonne mühsam gewonnen haben? Es kann sein. Die Sonne ist schwer, wie bei uns tief im Sommer.
    Aber wir haben im Sommer Abschied genommen.

Die Weise von Liebe und Tod des Cornets Christoph Rilke

Voller Apfel, Birne und Banane,
Stachelbeere … Alles dieses spricht
Tod und Leben in den Mund … Ich ahne …
Lest es einem Kind vom Angesicht,

wenn es sie erschmeckt. Dies kommt von weit.
Wird euch langsam namenlos im Munde?
Wo sonst Worte waren, fließen Funde,
aus dem Fruchtfleisch überrascht befreit.

Wagt zu sagen, was ihr Apfel nennt.
Diese Süße, die sich erst verdichtet,
um, im Schmecken leise aufgerichtet,

klar zu werden, wach und transparent,
doppeldeutig, sonnig, erdig, hiesig –:
O Erfahrung, Fühlung, Freude –, riesig!

Die Sonette an Orpheus. Erster Teil. XIII

HERBST

Die Blätter fallen, fallen wie von weit,
als welkten in den Himmeln ferne Gärten;
sie fallen mit verneinender Gebärde.

Und in den Nächten fällt die schwere Erde
aus allen Sternen in die Einsamkeit.

Wir alle fallen. Diese Hand da fällt.
Und sieh dir andre an: es ist in allen.

Und doch ist Einer, welcher dieses Fallen
unendlich sanft in seinen Händen hält.

Welker Duft

Herbst? Warum nicht; es ist ja alles bereit, die Früchte sind groß, und die kleinen Störche sind von den großen nicht mehr zu unterscheiden. Und es gibt da an der Chaussee einen Teil des Parkes, der nicht gefegt wird und nicht geharkt am Sonnabend; dort ist Unkraut, das ganz verbrannt herabhängt, und die halbwüchsigen Kastanien haben viele gelbe Blätter und geben davon eines um eines ab; nicht wenn es stürmt, da nehmen sie sich zusammen und halten, so fest sie können; aber hernach, wenn es so ausholend stille wird, dann streuen sie sich aus, Blatt für Blatt, lauter große, gelbe, verbogene Blätter. Dort gibt es verkommene Disteln mit kleinen violetten, traurigen Köpfen, Disteln, die so, ohne zu überlegen, in die Höhe gewachsen sind, Birken sind dort, die ganz schütter sind, und vielleicht sind sie's ja den ganzen Sommer gewesen –, aber jetzt sieht es so aus, als wären sie mit Absicht und Freude so, und die Wolken ziehn hinter ihnen, und man sieht alles durch sie durch, was in den Himmeln geschieht. Und es geht ein so nachdenklicher, welker Duft umher wie von Blumen, die die Sonne getrocknet und die der Wind gepreßt hat, und es ist Herbst. Und deshalb gehe ich jetzt oft dort auf und nieder und meide den Platz unterm Nußbaum und alle meine sommerlichen Wege; denn ich will den Herbst! Ist es nicht, als wäre das eigentlich Schaffende, schaffender denn der Frühling, der schon gleich ist, schaffender, wenn er kommt mit seinem Willen zur Verwandlung und das viel zu fertige, viel zu befriedigte, schließlich fast bürgerlich-behagliche Bild des Sommers zerstört? Dieser große herrliche Wind, der Himmel auf Himmel baut; in sein Land möchte ich gehen und auf seinen Wegen. Und vielleicht hast Du ihn auch um Dich in Deinem heimatlichen Garten und siehst am Morgen sein Bildnis in den Bäumen, die er bewegt …

An Clara Rilke, 12. August 1904

Wir gehen um mit Blume, Weinblatt, Frucht.
Sie sprechen nicht die Sprache nur des Jahres.
Aus Dunkel steigt ein buntes Offenbares
und hat vielleicht den Glanz der Eifersucht

der Toten an sich, die die Erde stärken.
Was wissen wir von ihrem Teil an dem?
Es ist seit lange ihre Art, den Lehm
mit ihrem freien Marke zu durchmärken.

Nun fragt sich nur: tun sie es gern? …
Drängt diese Frucht, ein Werk von schweren Sklaven,
geballt zu uns empor, zu ihren Herrn?

Sind *sie* die Herrn, die bei den Wurzeln schlafen,
und gönnen uns aus ihren Überflüssen
dies Zwischending aus stummer Kraft und Küssen?

Die Sonette an Orpheus. Erster Teil. XIV

Herbstlicher Morgen

Heute war ein schöner, herbstlicher Morgen. Ich ging durch die Tuilerien. Alles, was gegen Osten lag, vor der Sonne, blendete. Das Angeschienene war vom Nebel verhangen wie von einem lichtgrauen Vorhang. Grau im Grauen sonnten sich die Statuen in den noch nicht enthüllten Gärten. Einzelne Blumen in den langen Beeten standen auf und sagten: Rot, mit einer erschrockenen Stimme. Dann kam ein sehr großer, schlanker Mann um die Ecke, von den Champs-Elysées her; er trug eine Krücke, aber nicht mehr unter die Schulter geschoben, – er hielt sie vor sich her, leicht, und von Zeit zu Zeit stellte er sie fest und laut auf wie einen Heroldstab. Er konnte ein Lächeln der Freude nicht unterdrücken und lächelte, an allem vorbei, der Sonne, den Bäumen zu. Sein Schritt war schüchtern wie der eines Kindes, aber ungewöhnlich leicht, voll von Erinnerung an früheres Gehen.

Die Aufzeichnungen des Malte Laurids Brigge

DER APFELGARTEN
Borgeby-Gård

Komm gleich nach dem Sonnenuntergange,
sieh das Abendgrün des Rasengrunds;
ist es nicht, als hätten wir es lange
angesammelt und erspart in uns,

um es jetzt aus Fühlen und Erinnern,
neuer Hoffnung, halbvergeßnem Freun,
noch vermischt mit Dunkel aus dem Innern,
in Gedanken vor uns hinzustreun

unter Bäume wie von Dürer, die
das Gewicht von hundert Arbeitstagen
in den überfüllten Früchten tragen,
dienend, voll Geduld, versuchend, wie

das, was alle Maße übersteigt,
noch zu heben ist und hinzugeben,
wenn man willig, durch ein langes Leben
nur das Eine will und wächst und schweigt.

Der Glanz der letzten lauschenden Tage

Im September kommen viele aus den Waldsommern und von der See in die Stadt zurück. Sie sind des Gehens in den Gassen nicht mehr gewohnt und halten plötzlich, ehe sie sich dessen versehen, ihren Hut in der Hand wie im Walde, oder sie singen ganz laut vor sich hin. Das macht: die Erinnerungen schlafen noch nicht in ihnen. Und wenn sie einander begegnen, sind sie redselig und mitteilsam. Sie fühlen, wie aus dem Erzählen etwas, wie der Glanz der letzten lauschenden Tage, aufsteigt und sich tröstend über die schwülen Straßen und Plätze breitet. Und vielleicht sagen sich die beiden beim Abschiednehmen: »Sie sehen sehr gut aus« – und »wie Sie sich verändert haben.« Und sie lächeln sich einen Augenblick verlegen und dankbar an.

Die Geschwister (Zwei Prager Geschichten)

Der Ölbaum-Garten

Er ging hinauf unter dem grauen Laub
ganz grau und aufgelöst im Ölgelände
und legte seine Stirne voller Staub
tief in das Staubigsein der heißen Hände.

Nach allem dies. Und dieses war der Schluß.
Jetzt soll ich gehen, während ich erblinde,
und warum willst Du, daß ich sagen muß
Du seist, wenn ich Dich selber nicht mehr finde.

Ich finde Dich nicht mehr. Nicht in mir, nein.
Nicht in den andern. Nicht in diesem Stein.
Ich finde Dich nicht mehr. Ich bin allein.

Ich bin allein mit aller Menschen Gram,
den ich durch Dich zu lindern unternahm,
der Du nicht bist. O namenlose Scham …

Später erzählte man: ein Engel kam –.

Warum ein Engel? Ach es kam die Nacht
und blätterte gleichgültig in den Bäumen.
Die Jünger rührten sich in ihren Träumen.
Warum ein Engel? Ach es kam die Nacht.

Die Nacht, die kam, war keine ungemeine;
so gehen hunderte vorbei.
Da schlafen Hunde und da liegen Steine.
Ach eine traurige, ach irgendeine,
die wartet, bis es wieder Morgen sei.

Denn Engel kommen nicht zu solchen Betern,
und Nächte werden nicht um solche groß.
Die Sich-Verlierenden läßt alles los,
und sie sind preisgegeben von den Vätern
und ausgeschlossen aus der Mütter Schooß.

Herbsttag

Herr: es ist Zeit. Der Sommer war sehr groß.
Leg deinen Schatten auf die Sonnenuhren,
und auf den Fluren laß die Winde los.

Befiehl den letzten Früchten voll zu sein;
gieb ihnen noch zwei südlichere Tage,
dränge sie zur Vollendung hin und jage
die letzte Süße in den schweren Wein.

Wer jetzt kein Haus hat, baut sich keines mehr.
Wer jetzt allein ist, wird es lange bleiben,
wird wachen, lesen, lange Briefe schreiben
und wird in den Alleen hin und her
unruhig wandern, wenn die Blätter treiben.

Weinbergterrassen, wie Manuale:
Sonnenanschlag den ganzen Tag.
Dann von der gebenden Rebe zur Schale
überklingender Übertrag.

Schließlich Gehör in empfangenden Munden
für den vollendeten Traubenton.
Wovon ward die tragende Landschaft entbunden?
Fühl ich die Tochter? Erkenn ich den Sohn?

Wie der Wächter in den Weingeländen
seine Hütte hat und wacht,
bin ich Hütte, Herr, in deinen Händen
und bin Nacht, o Herr, von deiner Nacht.

Weinberg, Weide, alter Apfelgarten,
Acker, der kein Frühjahr überschlägt,
Feigenbaum, der auch im marmorharten
Grunde hundert Früchte trägt:

Duft geht aus aus deinen runden Zweigen.
Und du fragst nicht, ob ich wachsam sei;
furchtlos, aufgelöst in Säften, steigen
deine Tiefen still an mir vorbei.

Jetzt reifen schon die roten Berberitzen,
alternde Astern atmen schwach im Beet.
Wer jetzt nicht reich ist, da der Sommer geht,
wird immer warten und sich nie besitzen.

Wer jetzt nicht seine Augen schließen kann,
gewiß, daß eine Fülle von Gesichten
in ihm nur wartet bis die Nacht begann,
um sich in seinem Dunkel aufzurichten: –
der ist vergangen wie ein alter Mann.

Dem kommt nichts mehr, dem stößt kein Tag mehr zu,
und alles lügt ihn an, was ihm geschieht;
auch du, mein Gott. Und wie ein Stein bist du,
welcher ihn täglich in die Tiefe zieht.

Fürchte dich nicht, sind die Astern auch alt,
streut der Sturm auch den welkenden Wald
in den Gleichmut des Sees, –
die Schönheit wächst aus der engen Gestalt;
sie wurde reif, und mit milder Gewalt
zerbricht sie das alte Gefäß.

Sie kommt aus den Bäumen
in mich und in dich,
nicht um zu ruhn;
der Sommer ward ihr zu feierlich.
Aus vollen Früchten flüchtet sie sich
und steigt aus betäubenden Träumen
arm ins tägliche Tun.

Spätherbst in Venedig

Nun treibt die Stadt schon nicht mehr wie ein Köder,
der alle aufgetauchten Tage fängt.
Die gläsernen Paläste klingen spröder
an deinen Blick. Und aus den Gärten hängt

der Sommer wie ein Haufen Marionetten
kopfüber, müde, umgebracht.
Aber vom Grund aus alten Waldskeletten
steigt Willen auf: als sollte über Nacht

der General des Meeres die Galeeren
verdoppeln in dem wachen Arsenal,
um schon die nächste Morgenluft zu teeren

mit einer Flotte, welche ruderschlagend
sich drängt und jäh, mit allen Flaggen tagend,
den großen Wind hat, strahlend und fatal.

VOLKSWEISE

Mich rührt so sehr
böhmischen Volkes Weise,
schleicht sie ins Herz sich leise
macht sie es schwer.

Wenn ein Kind sacht
singt beim Kartoffeljäten,
klingt dir sein Lied im späten
Traum noch der Nacht.

Magst du auch sein
weit über Land gefahren,
fällt es dir doch nach Jahren
stets wieder ein.

ABSCHIED

Wie hab ich das gefühlt was Abschied heißt.
Wie weiß ichs noch: ein dunkles unverwundnes
grausames Etwas, das ein Schönverbundnes
noch einmal zeigt und hinhält und zerreißt.

Wie war ich ohne Wehr, dem zuzuschauen,
das, da es mich, mich rufend, gehen ließ,
zurückblieb, so als wärens alle Frauen
und dennoch klein und weiß und nichts als dies:

Ein Winken, schon nicht mehr auf mich bezogen,
ein leise Weiterwinkendes –, schon kaum
erklärbar mehr: vielleicht ein Pflaumenbaum,
von dem ein Kuckuck hastig abgeflogen.

DER SCHAUENDE

Ich sehe den Bäumen die Stürme an,
die aus laugewordenen Tagen
an meine ängstlichen Fenster schlagen,
und höre die Fernen Dinge sagen,
die ich nicht ohne Freund ertragen,
nicht ohne Schwester lieben kann.

Da geht der Sturm, ein Umgestalter,
geht durch den Wald und durch die Zeit,
und alles ist wie ohne Alter:
die Landschaft, wie ein Vers im Psalter,
ist Ernst und Wucht und Ewigkeit.

Wie ist das klein, womit wir ringen,
was mit uns ringt, wie ist das groß;
ließen wir, ähnlicher den Dingen,
uns *so* vom großen Sturm bezwingen, –
wir würden weit und namenlos.

Was wir besiegen, ist das Kleine,
und der Erfolg selbst macht uns klein.
Das Ewige und Ungemeine
will nicht von uns gebogen sein.
Das ist der Engel, der den Ringern
des Alten Testaments erschien:
wenn seiner Widersacher Sehnen
im Kampfe sich metallen dehnen,
fühlt er sie unter seinen Fingern
wie Saiten tiefer Melodien.

Wen dieser Engel überwand,
welcher so oft auf Kampf verzichtet,
der geht gerecht und aufgerichtet
und groß aus jener harten Hand,
die sich, wie formend, an ihn schmiegte.
Die Siege laden ihn nicht ein.
Sein Wachstum ist: der Tiefbesiegte
von immer Größerem zu sein.

Heliotrop

Meine Mühle steht, ach, wie lange steht meine Mühle, der schöne Strom, der über sie stürzte, ist zu Eis geworden, daran konnte ein Sommer nichts ändern, der draußen vorüberging, ohne mich irgendwie zu berühren. Nun allerdings, da eine frühe Herbstlichkeit ihn abzulösen beginnt, traur ich ihm nach, obwohl er mir nichts gebracht hat, und merke, wieviel Hoffnung ich darauf gesetzt habe, daß die Jahreszeit mich irgendwie mitnehmen, mitreißen und erfüllen würde, ein Gleichnis der Natur hervorbringend in meinen ariden Fähigkeiten. […]
Ich hätte hundert Fragen; von Zeit zu Zeit habe ich mir einen winzigen Heliotropstock gekauft, der sollte die Heliotrop-Bäume bedeuten, die bei Ihnen in Blüte stehen, die schönen lila Sphären, um die eine Konstellation von Schmetterlingen, glücklich spielend, auf- und untergeht. Phlox habe ich in großen Sträußen in mein Zimmer gestellt, eine Menge Rosen waren da, aber es hat nichts geholfen: mir fehlt der Anschluß und die Andacht an diese glücklichen Dinge, als ob uns von ihnen die ganze Verhängnis menschlicher Wirrnis unterschiede.

An Marie von Thurn und Taxis, 6. September 1918

Herbstlicher Schlosspark

Auch von Janowitz wäre viel zu erzählen. Schon die Wagenfahrt durch den verglasten harten Herbstnachmittag und das naive Land war schön. Ich fuhr allein von der Bahn und zur Bahn zurück. Und das war Böhmen, das ich kannte, hügelig wie leichte Musik und auf einmal wieder eben hinter seinen Apfelbäumen, flach ohne viel Horizont und eingeteilt durch die Äcker und Baumreihen wie ein Volkslied von Refrain zu Refrain. Und plötzlich glitt man aus alledem (als führe man mit einem Kahn durch Wehr) in ein Parktor, und es war Park, alter Park, und kam ganz nahe an einen heran mit seinem feuchten Herbst. Bis nach mehreren Wendungen, Brücken, Durchblicken, durch einen alten Wassergraben abgetrennt, das Schloß aufstieg, als, oben zurückgebogen wie aus Hochmut, mit Fenstern und Wappenschildern ungleichmäßig bedeckt, mit Altanen, Erkern und um die Höfe herumgestellt, als sollte sie nie jemand zu sehen bekommen.

An Lou Andreas-Salomé, 4. November 1907

Ende des Herbstes

Ich sehe seit einer Zeit,
wie alles sich verwandelt.
Etwas steht auf und handelt
und tötet und tut Leid.

Von Mal zu Mal sind all
die Gärten nicht dieselben;
von den gilbenden zu der gelben
langsamem Verfall:
wie war der Weg mir weit.

Jetzt bin ich bei den leeren
und schaue durch alle Alleen.
Fast bis zu den fernen Meeren
kann ich den ernsten schweren
verwehrenden Himmel sehn.

Weinberge im Wallis

Denn dieses Wallis (: ja, wieso nennt mans nicht, wenn man die berühmtesten Gegenden der Erde aufzählt?) ist eine unvergleichliche Landschaft; erst erfaßt ichs noch nicht in Wahrheit, weil ichs *verglich*: mit dem Bedeutendsten meiner Erinnerungen, mit Spanien, mit der Provence (der es ja in der Tat, durch den Rhône, blutsverwandt ist), aber erst seit ichs ganz um seiner selbst willen anstaune, offenbart es mir seine großen Verhältnisse und in ihnen, nach und nach erkennbar, die süßeste Anmut und die stärkste inständigste Überlieferung. Sie erinnern die Abende, wo man als Kind vor gebundenen Zeitschriften saß, darin Reisen beschrieben waren, vielleicht nicht gut, aber von versprecherischen Bildern begleitet, in die man die ganze Bedeutung dessen legte, was einmal erfahrbar sein würde, zugleich mit der fast wehmütigen Ungeduld, durch so viele Jahre des Aufwachsens davon getrennt zu sein. Ja, vielleicht wirkte in diesem hingegebenen Anschauen etwas noch viel Innigeres mit, die unaussprechliche Furcht wegzusterben, ehe dies alles würde erfäßlich und erfüllbar sein: diese, genau diese Landschaften mit allem gewissermaßen, was man in sie hineinlegte, diese Landschaften der Sonntagsnachmittage und der Winterabende, die gehen hier in Erfüllung, denken Sie! Hier sind ihre Brücken, ihre Tore, ihre schönen, leichten und zugleich spannenden Wege, geschwungen um die Hügel wie Seidenbänder, und ab und zu mit den bäuerlichen Geländestücken rechts oder links, die der Zeichner in so interessanter Verkürzung gab und die einem, genau wie die Brunnen, unvergeßlich geblieben sind. Die Hügel tragen Burgen, ja die Städte selbst lassen sich, aus einer gewissen Entfernung, zu etwas Stolzem und Stattlichem zusammennehmen: nicht nur zu einem romantischen Begriff, sondern zu einer gar nicht träumbaren Wirklichkeit. Kapellen, Missionskreuze an allen Scheidewegen,

Hänge, gestreift von den Reihen des Weins und später reichlich gekräuselt von seinem Laub, Obstbäume, jeder mit seinem zärtlichen Schatten, und (richtig, ach so richtig!) einzelne erwachsene Pappeln hingestellt, Rufzeichen des Raums, die sagen: Hier! –, und keine Gestalt, keine – natürlich landestümlich gekleidete – Bauernfrau, die nicht Figur wäre in alledem, Akzent wäre oder Maß, kein Karren, kein Maultier, keine Katze, durch deren Gegenwart nicht alles wieder weiter, offener, luftiger würde weithin –; und diese Luft von Ding zu Ding, dieses Nirgends-leer-sein der Welt, wie ahnt mans, ob man gleich den *Carillon*, den seligen, darin noch nicht hören konnte, der wiederum irgendwie (Beere für Beere ins Ohr!) an die Trauben erinnert!

An Gertrud Ouckama Knoop, 26. November 1921

Nur wer die Leier schon hob
auch unter Schatten,
darf das unendliche Lob
ahnend erstatten.

Nur wer mit Toten vom Mohn
aß, von dem ihren,
wird nicht den leisesten Ton
wieder verlieren.

Mag auch die Spiegelung im Teich
oft uns verschwimmen:
Wisse das Bild.

Erst in dem Doppelbereich
werden die Stimmen
ewig und mild.

Die Sonette an Orpheus. Erster Teil. IX

Winter

Die weißen Wege werden leiser

BANGNIS

Im welken Walde ist ein Vogelruf,
der sinnlos scheint in diesem welken Walde.
Und dennoch ruht der runde Vogelruf
in dieser Weile, die ihn schuf,
breit wie ein Himmel auf dem welken Walde.
Gefügig räumt sich alles in den Schrei:
Das ganze Land scheint lautlos drin zu liegen,
der große Wind scheint sich hineinzuschmiegen,
und die Minute, welche weiter will,
ist bleich und still, als ob sie Dinge wüßte,
an denen jeder sterben müßte,
aus ihm herausgestiegen.

Im Kirchhof zu Ragaz Niedergeschriebenes:

I.

Falter, über die Kirchhof-Mauer
herübergeworfen vom Wind,
trinkend aus den Blumen der Trauer,
die vielleicht unerschöpflicher sind …

Falter, der das geopferte Blühen,
das nachdenklicher geschieht,
in das unbedingte Bemühen
aller Gärten einbezieht.

Erwartungsvolle Dämmerungen

Es ist nur gerade so, daß wir *nicht* Winter haben; *was* da eigentlich vor sich geht, ist nicht gut zu beschreiben; es ist ein absolut negativer Zustand. Der Winter fällt weg, das will sagen auch alles das Schöne, Weiße, Geheimnisvolle, das mit ihm kommt, das Weihnachtliche, von dem Sie sicher jetzt leben; denn Ihnen muß es, in dem stillen Schloß (dessen Bild zu kennen ich Ihnen sehr danke) ganz besonders nahe kommen mit seinen erwartungsvollen Dämmerungen, seinen lautlos auf etwas zugehenden Tagen, seiner ganzen kindheitvollen Feierlichkeit, die in allem ist: in dem Geräusch des Sturmes, in dem Brausen und Krachen der Scheite in den Kaminen, in der Art, wie abends der Lampenkreis übergeht ins unbestimmte schwingende, schwebende Halbdunkel, in das die Dinge sich zurückziehn, – und Nachts, in der großen tiefen Stille, die aus dem Parke kommt und vom Himmel herunter und aus den Sälen und den Gängen des alten Hauses, darin so vieles vergangen ist und nichts ganz vergangen –. Es mag Ihnen, die Sie den Süden noch ganz zusammenstimmen fühlen mit irgend einem hellen Traum Ihrer jungen Seele, undankbar scheinen, daß einer da steht, angesichts des Meeres, in einem Garten, in dem hunderte von Rosen blühn und in dem die Orangen eben reif geworden sind, und doch diese Gedanken denken kann und diese Gefühle fühlen, die von alledem abgewendet sind. Sie sagten einmal von diesem Menschen, anerkennend, er könne nie sentimental werden: ist er's nun? –

An Sidonie Nádherný von Borutin, 13. Dezember 1906

Da wechselt um die alten Inselränder
das winterliche Meer sein Farbenspiel
und tief im Winde liegen irgend Länder
und sind wie nichts. Ein Jenseits, ein Profil;

nicht wirklicher als diese rasche Wolke,
der sich das Eiland schwarz entgegenstemmt.
Und da geht einer unterm Insel-Volke
und schaut in Augen und ist nichts als fremd.

Und schaut, so fremd er ist, hinaus, hinüber,
den Sturm hinein; zwar manchen Tag ist Ruh;
dann blüht das Land und lächelt noch. Worüber?
Und die Orangen reifen noch. Wozu?

Was müht der Garten sich ihn zu erheitern
den Fremden, der nichts zu erwarten schien,
und wenn sich seine Augen auch erweitern
für einen Augenblick –: er sieht nicht hin.

Wenn er vom Vorgebirge in Gedanken
des Meeres winterliches Farbenspiel
und in den Himmeln ferner Küsten Schwanken
manchmal zu sehen glaubt: das ist schon viel.

Capri, 15. Dezember 1906

ADVENT

Es treibt der Wind im Winterwalde
die Flockenherde wie ein Hirt,
und manche Tanne ahnt, wie balde
sie fromm und lichterheilig wird;
und lauscht hinaus. Den weißen Wegen
streckt sie die Zweige hin – bereit,
und wehrt dem Wind und wächst entgegen
der einen Nacht der Herrlichkeit.

STILLE STUNDE

Rom, Villa Strohl-Fern,
am 22. Dezember 1903.

Meine Freundin,
nach vielen langen Regentagen mit schweren, fallenden Himmeln hebt hier eine Art von Frühling an; Duft kommt aus den Büschen und die Lorbeerbäume, die der Mittag erwärmt, riechen nach ersten Sommertagen. Es giebt Sträucher, an denen die langen Kätzchen hängen, und andere Sträucher, die morgen blühen werden, wenn die Nacht so sanft ist wie diese letzten Nächte, die im wachsenden Monde langsam und milde vergangen sind. Und dabei ist Weihnacht nah; die Leute sagen es wenigstens, und kommt man abends in die überhellen Straßen der Stadt, so ist das Gedränge groß und Schaufenster schimmern. Hier aber in dem großen Garten, in dem wir wohnen, wird nicht Weihnacht sein; ein Tag wird kommen, hell und strahlend, und wird vergehen und ein Frühlings-Abend sein, – ein Abend mit fern dämmernden Himmeln, aus denen plötzlich alle Sterne brechen, alle die vielen Sterne, die über südlichen Gärten leben.

Für uns aber wird dieser Abend nur eine stille Stunde sein, nichts mehr; wir werden in dem entlegenen kleinen Gartenhaus sitzen und an jene denken, die Weihnacht haben; an unsere kleine liebe Ruth und an uns, als ob wir selbst noch irgendwo die Kinder wären, die wir einmal waren, – die wartenden, frohbangen Weihnachtskinder, auf die die großen Überraschungen zukommen wie Engel aus Innen und Außen; die Kinder, die das Dunkel jener Abende, die dem einen Abend vorangingen, fürchteten und liebten; die fühlten, wie klein in jenen Dezembertagen, die das Fest vorbereiteten, der Kreis der Lampe war und wie immer geheimnisvoller ringsum die Stube sich verlor, so dass man gar nicht sagen konnte, wo ihre Wände waren und ob man nicht an einem runden Tische

mitten im Walde saß... Bis dann alles Dunkel sich in Glanz verwandelte, so daß man auch die geringsten Dinge glänzen sah.
Aber damit alles dies geschehen konnte, mußten große Winde gewesen sein, lange Nächte, in denen der Sturm alles war, mußte man überstanden haben, – Nächte und Tage, die verhangen waren, halbhell und schwach, wie ein Verzögern des Morgens nur, bis an den frühen Abend hin; alles, bis zu jenem großen stillen Schneefall, der fiel und fiel und machte, daß die Welt sich leiser bewegte, der Tag geräuschloser lief und Nacht heimlicher kam – –
Aber da wir so nördlicher Dinge gedenken, die mit unserem Kindsein sehr verflochten sind, sind wir Ihnen, meine liebe Freundin mit dem Herzen nah: wir stellen uns das kleine Haus vor, in dem Sie jetzt wohnen und schreiben, bei der Lampe an einem schönen Buche schreiben, das wir einmal lesen werden; und stellen uns vor, daß es tief und allein im großen Winter liegt ihr kleines Haus, in dem die lieben ererbten Möbel und die gewohnten Dinge freundlich stehen, und daß es eine echte, wirkliche Weihnacht haben wird. Und zu dieser Weihnacht senden wir viele, viele Wünsche hin!
Ich denke viel an Sie, meine Freundin, und komme bald mehr von mir erzählen. Dieses sollte nur ein Grüßen sein und ein Zeichen von Liebe und Nähe.

                                                 Ihr:
                                                 Rainer Maria Rilke.

An Ellen Key, 22. Dezember 1903

Weiss in allen Sprachen!

Man hat nun doch beim lieben Gott auch hier für Weihnachten etwas Weißes bestellt, und er hats, weiß der Himmel, geliefert: *Schnee*. ›Schnee‹, wie paßt der Name dafür, mit dem ›Sch‹ schiebt man das Fenster auf und hats dann vor sich, weit, eben: ….. nee – neige, nēve, snjēg: weiß in allen Sprachen! Aber schon ehe ich die Augen aufthat am Morgen, wußte ichs *im Gehör*; selbst hier, wo's immer still ist, war eine *andere* Stille zu hören und ein Vogel schrieb auf ihr Weiß wie mit einer neuen Feder seine Meinung.

An Nanny Wunderly-Volkart, 24. Dezember 1921

Die hohen Tannen atmen heiser
im Winterschnee, und bauschiger
schmiegt sich sein Glanz um alle Reiser.
Die weißen Wege werden leiser,
die trauten Stuben lauschiger.

Da singt die Uhr, die Kinder zittern:
Im grünen Ofen kracht ein Scheit
und stürzt in lichten Lohgewittern, –
und draußen wächst im Flockenflittern
der weiße Tag zur Ewigkeit.

Weihnacht

Die Winterstürme durchdringen
Die Welt mit wütender Macht. –
Da – – sinkt auf schneeigen Schwingen
Die tannenduftende Nacht …

Da schwebt beim Scheine der Kerzen
Ganz leis nur, kaum, daß du's meinst,
durch arme irrende Herzen
der Glaube – ganz so wie einst …

Da schimmern im Auge Tränen,
du fliehst die Freude – und weinst,
der Kindheit gedenkst du mit Sehnen,
oh, wäre es doch so wie einst! …

Du weinst! … die Glocken erklingen –
Es sinkt in festlicher Pracht
Herab auf schneeigen Schwingen
Die tannenduftende Nacht.

Du wacher Wald, inmitten wehen Wintern
hast du ein Frühlingsfühlen dir erkühnt,
und leise lässest du dein Silber sintern,
damit ich seh, wie deine Sehnsucht grünt.

Und wie mich weiter deine Wege führen,
erkenn ich kein Wohin und kein Woher
und weiß: vor deinen Tiefen waren Türen –
und sind nicht mehr.

Verschneites Gebüsch

Da kamen erst Kanten italienischer Arbeit, zähe Stücke mit ausgezogenen Fäden, in denen sich alles immerzu wiederholte, deutlich wie in einem Bauerngarten. Dann war auf einmal eine ganze Reihe unserer Blicke vergittert mit venezianischer Nadelspitze, als ob wir Klöster wären oder Gefängnisse. Aber es wurde wieder frei, und man sah weit in Gärten hinein, die immer künstlicher wurden, bis es dicht und lau an den Augen war wie in einem Treibhaus: prunkvolle Pflanzen, die wir nicht kannten, schlugen riesige Blätter auf, Ranken griffen nacheinander, als ob ihnen schwindelte, und die großen offenen Blüten der Points d'Alençon trübten alles mit ihren Pollen. Plötzlich, ganz müde und wirr, trat man hinaus in die lange Bahn der Valenciennes, und es war Winter und früh am Tag und Reif. Und man drängte sich durch das verschneite Gebüsch der Binche und kam an Plätze, wo noch keiner gegangen war; die Zweige hingen so merkwürdig abwärts, es konnte wohl ein Grab darunter sein, aber das verbargen wir voreinander. Die Kälte drang immer dichter an uns heran, und schließlich sagte Maman, wenn die kleinen, ganz feinen Klöppelspitzen kamen: »Oh, jetzt bekommen wir Eisblumen an den Augen«, und so war es auch, denn es war innen sehr warm in uns.

Die Aufzeichnungen des Malte Laurids Brigge

E IN VERWITTERTER E NGEL

Wir kamen müde heim, das Wetter war zu sehr wider uns,
nach frischer Kälte Rauheit und dann Schnee und gleich darauf
Tauwetter und Ostwind und Glatteis; alles an einem Tage, und
gerade an diesem, und das ungangbarste Wetter für unseren
Weg von der Station. So kamen wir müde an. Vielleicht auch,
weil es doch traurig macht, all diesen Verfall zu sehen und diese
schlimme Restaurierung, die noch unerträglicher ist als der
Verlust eines schönen Dinges, in ihrer Starrheit und Härte und
Häßlichkeit. Mir kommt Chartres noch viel zerstörter vor als
die Notre-Dame von Paris. Viel hoffnungsloser; noch viel
mehr denen, die zerstören, preisgegeben. Nur der erste Eindruck, wie das sich aufhebt, wie in einem großen Mantel, und
dann das erste Detail, ein verwitterter schlanker Engel, der vor
sich her eine Sonnenuhr hält, aufgeschlagen den ganzen Stundengang des Tages, und darüber sieht man, unendlich schön
noch in seinem Vergehen, das tiefe Lächeln seines freudig dienenden Gesichts, wie Himmel, der sich spiegelt … Aber das ist
fast alles. Und der Meister ist der einzige (scheint es), zu dem
das alles noch kommt und spricht. (Spräche es, denkt man, zu
den anderen auch nur ein wenig, wie könnten, wie dürften sie's
überhören?) Er war wie in Notre-Dame ruhig, eingeordnet,
unendlich erkannt und empfangen. Leise von seiner Kunst
sprechend und bestätigt in ihr, von den großen Grundsätzen,
die sich ihm zeigen, wo er hinsieht. Und sehr schön war das;
wir kamen von der Bahn gegen ½ 10 zum Dom hin; die Sonne
war nicht mehr da, es war grauer Frost, aber immer noch still.
Als wir aber an die Kathedrale kamen, bog unerwartet ein
Wind, wie jemand sehr Großer, um die Ecke des Engels und
ging mit einer Unerbittlichkeit durch uns durch, scharf und
zerschneidend. »O«, sagte ich, »nun erhebt sich auf einmal
ein Sturm.« »Mais vous ne savez pas«, sagte der Meister, »il y a

toujours un vent, ce vent-là autour des grandes Cathédrales. Elles sont toujours entourées d'un vent mauvais agité, tourmenté de leur grandeur. C'est l'air qui tombe le long des contreforts, et qui tombe de cette hauteur et erre autour de l'église …« So irgendwie sagte der Meister das, kürzer, etwas weniger ausgeführt, gotischer zugleich. Aber so etwa war der Sinn dessen, was er meinte. Und in diesem vent errant standen wir wie Verdammte im Vergleich zu dem Engel, der so selig sein Zifferblatt einer Sonne hinhielt, die er immer sah …

An Clara Rilke, 26. Januar 1906

L'Ange du Méridien
Chartres

Im Sturm, der um die starke Kathedrale
wie ein Verneiner stürzt der denkt und denkt,
fühlt man sich zärtlicher mit einem Male
von deinem Lächeln zu dir hingelenkt;

lächelnder Engel, fühlende Figur,
mit einem Mund, gemacht aus hundert Munden:
gewahrst du gar nicht, wie dir unsre Stunden
abgleiten von der vollen Sonnenuhr,

auf der des Tages ganze Zahl zugleich,
gleich wirklich, steht in tiefem Gleichgewichte,
als wären alle Stunden reif und reich.

Was weißt du, Steinerner, von unserm Sein?
und hältst du mit noch seligerm Gesichte
vielleicht die Tafel in die Nacht hinein?

Winterliche Stanzen
[Entwurf zur Fortsetzung]

Drum sei dem winterlichen Zimmer gut,
laß dir die harten Außentage kürzen;
vertraute Flammen sprengen wohlgemut
aus alten Harzen die verhehlten Würzen.
Und wenn die Schichten im Kamine stürzen,
so schaue, was du glühest, in die Glut –
und sieh es dort sich bilden und zerstören:
nur was vergehen darf, kann dir gehören.

Los ohne gleichen: im Vergehn zu sein;
zu schweben unter lauter Stellen Schwindens,
sich für die Zeiten künftigen Erblindens
zu füllen mit gefühltem Augenschein.
Da steh ich in der Mitte des Empfindens
und lasse mich mit tausend Wesen ein –,
und wo mir eines unwillkürlich schweigt,
halt ich es gleich für minder zugeneigt.

Und sind doch alle so wie ich Bemühte
um reinen gegenseitigen Verstand
[…]
und geben Früchte oder stehn in Blüte
weil sie's nicht fassen können vor der Hand.
[O was ist Liebenwollen, was ist Güte?
Wer ist uns ab-, wer ist uns zugewandt?]

O Bäume Lebens, o wann winterlich?
Wir sind nicht einig. Sind nicht wie die Zug-
vögel verständigt. Überholt und spät,
so drängen wir uns plötzlich Winden auf
und fallen ein auf teilnahmslosen Teich.
Blühn und verdorrn ist uns zugleich bewußt.
Und irgendwo gehn Löwen noch und wissen,
solang sie herrlich sind, von keiner Ohnmacht.

Uns aber, wo wir Eines meinen, ganz,
ist schon des andern Aufwand fühlbar. Feindschaft
ist uns das Nächste. Treten Liebende
nicht immerfort an Ränder, eins im andern,
die sich versprachen Weite, Jagd und Heimat.
  Da wird für eines Augenblickes Zeichnung
ein Grund von Gegenteil bereitet, mühsam,
daß wir sie sähen; denn man ist sehr deutlich
mit uns. Wir kennen den Kontur
des Fühlens nicht: nur, was ihn formt von außen.
[…]

Duineser Elegien. Die vierte Elegie

WINTER

Blättert zurück in euren Tagebüchern. War da nicht immer um die Frühlinge eine Zeit, da das ausbrechende Jahr euch wie ein Vorwurf betraf? Es war Lust zum Frohsein in euch, und doch, wenn ihr hinaustratet in das geräumige Freie, so entstand draußen eine Befremdung in der Luft, und ihr wurdet unsicher im Weitergehen wie auf einem Schiffe. Der Garten fing an; ihr aber (das war es), ihr schlepptet Winter herein und voriges Jahr; für euch war es bestenfalls eine Fortsetzung. Während ihr wartetet, daß eure Seele teilnähme, empfandet ihr plötzlich eurer Glieder Gewicht, und etwas wie die Möglichkeit, krank zu werden, drang in euer offenes Vorgefühl. Ihr schobt es auf euer zu leichtes Kleid, ihr spanntet den Schal um die Schultern, ihr lieft die Allee bis zum Schluß: und dann standet ihr, herzklopfend, in dem weiten Rondell, entschlossen mit alledem einig zu sein. Aber ein Vogel klang und war allein und verleugnete euch. Ach, hättet ihr müssen gestorben sein?

Vielleicht. Vielleicht ist das neu, daß wir das überstehen: das Jahr und die Liebe. Blüten und Früchte sind reif, wenn sie fallen; die Tiere fühlen sich und finden sich zueinander und sind es zufrieden. Wir aber, die wir uns Gott vorgenommen haben, wir können nicht fertig werden. Wir rücken unsere Natur hinaus, wir brauchen noch Zeit. Was ist uns ein Jahr? Was sind alle? Noch eh wir Gott angefangen haben, beten wir schon zu ihm: laß uns die Nacht überstehen. Und dann das Kranksein. Und dann die Liebe.

Die Aufzeichnungen des Malte Laurids Brigge

Mein inneres Gärtnern

Mein inneres Gärtnern war herrlich diesen Winter. Das plötzlich wieder heile Bewußtsein meiner tief bestellten Erde ergab mir eine große Jahreszeit des Geistes und eine lange nicht mehr gekannte Stärke des Herzstrahles. Die mir über alles lieben (1912 in großer Einsamkeit begonnen und seit 1914 fast ganz unterbrochenen) Arbeiten konnten wieder aufgenommen –, konnten, unter unendlicher Fähigkeit, zu Ende gebracht werden. – Daneben ging eine kleine Arbeit her, fast ungewollt, ein Nebenstrom, über fünfzig Sonette, die Sonette an Orpheus genannt, und geschrieben als ein Grabmal für ein jung verstorbenes Mädchen. (Sieben daraus hab ich für Sie in ein kleines Heft eingetragen, das ich hier beifüge.) Wäre diese Auswahl größer geworden, oder könnte ich Ihnen die andere, die große Hauptarbeit vorlegen, – Sie würden merken, wie, an manchen Stellen, die Ergebnisse unserer Winter einander ähnlich sind. Sie schreiben von dem in jedem Moment schon Erfülltsein, schon Überreichsein des inneren Daseins, von einem (wenn man nur recht zusieht) alle später möglichen Entbehrungen und Verluste schon von vornherein überwiegenden und gleichsam widerlegenden – Besitz. – Genau dies habe ich diesen langen Winter in der Tiefe meiner Arbeit erfahren, mehr und unwiderruflicher, als ich es bisher wußte: daß das Leben jedem späteren Armwerden mit den seine Maße übertrefflichsten Reichtümern schon längst zuvorgekommen sei. – Was also bliebe zu fürchten? – Nur, daß man dies vergäße! Aber um uns, in uns, wieviel Hülfen zur Erinnerung!

An Lisa Heise, 19. Mai 1922

Sei allem Abschied voran, als wäre er hinter
dir, wie der Winter, der eben geht.
Denn unter Wintern ist einer so endlos Winter,
daß, überwinternd, dein Herz überhaupt übersteht.

Sei immer tot in Eurydike –, singender steige,
preisender steige zurück in den reinen Bezug.
Hier, unter Schwindenden, sei, im Reiche der Neige,
sei ein klingendes Glas, das sich im Klang schon zerschlug.

Sei – und wisse zugleich des Nicht–Seins Bedingung,
den unendlichen Grund deiner innigen Schwingung,
daß du sie völlig vollziehst dieses einzige Mal.

Zu dem gebrauchten sowohl, wie zum dumpfen und stummen
Vorrat der vollen Natur, den unsäglichen Summen,
zähle dich jubelnd hinzu und vernichte die Zahl.

Die Sonette an Orpheus. Zweiter Teil. XIII

Aber die Winter! Oh diese heimliche
Einkehr der Erde. Da um die Toten
in dem reinen Rückfall der Säfte
Kühnheit sich sammelt,
künftiger Frühlinge Kühnheit.
Wo das Erdenken geschieht
unter der Starre; wo das von den großen
Sommern abgetragene Grün
wieder zum neuen
Einfall wird und zum Spiegel des Vorgefühls;
wo die Farbe der Blumen
jenes Verweilen unserer Augen vergißt.

Ô Lacrimosa. III

FÜR FRAU JOHANNA VON KUNESCH

Die Jahre gehn ... Und doch ist's wie in Zug:
Wir gehn vor allem und die Jahre bleiben
wie Landschaft hinter dieser Reise Scheiben,
die Sonne klärte oder Frost beschlug.

Wie sich Geschehenes im Raum verfügt:
Eines ward Wiese, eins ward Baum, eins ging
den Himmel bilden helfen ... Schmetterling
und Blume sind vorhanden, keines lügt;

Verwandlung ist nicht Lüge ....

Und du erbst das Grün
vergangner Gärten und das stille Blau
zerfallner Himmel.
Tau aus tausend Tagen,
die vielen Sommer, die die Sonnen sagen,
und lauter Frühlinge mit Glanz und Klagen
wie viele Briefe einer jungen Frau.
Du erbst die Herbste, die wie Prunkgewänder
in der Erinnerung von Dichtern liegen,
und alle Winter, wie verwaiste Länder,
scheinen sich leise an dich anzuschmiegen.
Du erbst Venedig und Kasan und Rom,
Florenz wird dein sein, der Pisaner Dom,
die Troïtzka Lawra und das Monastir,
das unter Kiews Gärten ein Gewirr
von Gängen bildet, dunkel und verschlungen, –
Moskau mit Glocken wie Erinnerungen, –
und Klang wird dein sein: Geigen, Hörner, Zungen,
und jedes Lied, das tief genug erklungen,
wird an dir glänzen wie ein Edelstein.

Für dich nur schließen sich die Dichter ein
und sammeln Bilder, rauschende und reiche,
und gehn hinaus und reifen durch Vergleiche
und sind ihr ganzes Leben so allein …
Und Maler malen ihre Bilder nur,
damit du *unvergänglich* die Natur,
die du vergänglich schufst, zurückempfängst:
alles wird ewig. Sieh, das Weib ist längst
in der Madonna Lisa reif wie Wein;
es müßte nie ein Weib mehr sein,
denn Neues bringt kein neues Weib hinzu.

Die, welche bilden, sind wie du.
Sie wollen Ewigkeit. Sie sagen: Stein,
sei ewig. Und das heißt: sei dein!
[…]

Nachwort

Worpswede ist heute eine ausgedehnte Gemeinde im nördlichen Niedersachsen, nicht sehr weit entfernt von Bremen. Hier, der Ort war noch ein armseliges Dorf, gründeten im Jahre 1889 ein paar junge Maler eine Künstlerkolonie, zu der später für eine Weile der Lyriker Rainer Maria Rilke stieß. Er freundete sich an mit einem der Maler, Heinrich Vogeler, der ihm später eine Dichtung illustrieren würde. Er heiratete die Bildhauerin Clara Westhoff, die in Worpswede ein Atelier und eine Wohnung besaß.

Wie die anderen Künstler war er dem dunklen Charme dieser flachen Moor- und Geestlandschaft erlegen, wie sie ging er darauf in etlichen seiner Arbeiten ein. Nun war Worpswede nicht die erste Region, von der er literarisch Kenntnis nahm, und es würde nicht die letzte bleiben. Rilke darf als einer der großen Naturlyriker deutscher Sprache gelten. Er steht in einer Reihe mit Johann Wolfgang Goethe, Joseph von Eichendorff und Eduard Mörike, mit Theodor Storm und Gottfried Keller.

Der gewichtige Unterschied zu seinen Vorgängern ergibt sich aus seinem Geburtsdatum und den Umständen seiner Biographie. Er gehört zur ästhetischen Moderne. Sein Blick auf Landschaft und Natur entfernt sich weit von aller Idyllik und innigen Heimatbindung, wie noch das mittlere 19. Jahrhundert sie pflegte. Natur ist bei Rilke erkennbar oft berührt, bedrängt, bedroht oder beschädigt von menschlichen Eingriffen. Die Düsternis und Widersprüchlichkeit mancher Szenerien spiegelt unmittelbar die seelische Situation des Betrachters. Der Dichter hat ein Auge auch für das Unscheinbare, selbst das Hässliche; anders als Gottfried Benn, einer seiner Nachfolger, versucht er es literarisch zu adeln. Die Tiere, die gelegentlich seinen Kosmos bevölkern, entstammen nicht der bis dahin üblichen Fauna deutscher Poesie, mit ihren Rossen, Lerchen und Lämmern, er führt vielmehr Exoten vor oder ordinäre Insekten.

Die Landschaften, die aufgesucht und angesehen werden, sind nicht bloß Berg, Meer, Garten und Baum, es sind ebenso die Schauplätze menschlicher Zivilisation. Dass eine Großstadt ebenso als

Kunstobjekt genommen und abgebildet werden kann wie ein Gebirge oder ein Küstenstück, behauptet und verwirklicht mit solchem Nachdruck erstmals Rainer Maria Rilke. Der Begriff Stadtlandschaft geht auch auf ihn zurück.

Natürlich unterscheiden sich Mittel- und Häusermeer, Straßen- und Alpenschluchten, und Rainer Maria Rilke weiß das. Er betrachtet nur beides mit gleicher Aufmerksamkeit. Er misst es mit gleichen Maßstäben. Er registriert Natur in der Stadt und Stadt in der Natur. Er vermerkt die jeweiligen Eigenheiten mit der immer gleichen Sorgfalt. Darin verfährt er ähnlich wie der große französische Maler Paul Cézanne. Unter den Bildkünstlern seiner Zeit war es dann vornehmlich Cézanne, zu dem er sich gern geäußert und bekannt hat. Überhaupt sind seine Kenntnis und Urteilskraft in Sachen Bildkunst erstaunlich. Er beschreibt, erstmals für Deutschland, detailliert die Geschichte der Landschaftsmalerei von der späten Renaissance bis zur Schule von Barbizon: Das ist jenes kleine Dorf am Rand des Waldes von Fontainebleau, wo sich, für Frankreich, der Pleinairismus endgültig durchgesetzt hat und das dann auch Vorbild wurde für die Worpsweder Maler. In Rilkes Münchner Wohnung während des Ersten Weltkrieges hing ein Gemälde des damals noch keineswegs völlig durchgesetzten Pablo Picasso. Dies alles zusammen bezeugt die außerordentliche visuelle Sensibilität des Dichters, die auch sein lyrisches Verhältnis zu Natur und Landschaft bestimmte, zu Pflanzen und Gärten.

»Der gewöhnliche Mensch«, hat er gesagt, »der mit den Menschen lebt und die Natur nur so weit sieht, als sie sich auf ihn bezieht, wird dieses rätselhaften und unheimlichen Verhältnisses selten gewahr. Er sieht die Oberfläche der Dinge, die er und seinesgleichen seit Jahrhunderten geschaffen haben, und glaubt gerne, die ganze Erde nehme an ihm teil, weil man ein Feld bebauen, einen Wald lichten und einen Fluß schiffbar machen kann. Sein Auge, welches fast nur auf Menschen eingestellt ist, sieht die Natur nebenbei mit, als ein Selbstverständliches und Vorhandenes, das soviel als möglich ausgenutzt werden muß. Anders schon sehen Kinder die Natur; einsame Kinder besonders, welche unter Erwachsenen aufwachsen, schließen sich ihr mit einer Art von Gleichgesinntheit an und leben in ihr, ähnlich den kleinen Tieren, ganz hingegeben an die Ereignisse des Waldes und des Himmels und in einem unschuldigen, scheinbaren Einklang mit ihnen. Aber darum kommt später für Jünglinge und junge Mädchen jene einsame, von vielen tiefen Melancholien zitternde Zeit, da sie, gerade in den Tagen des körperlichen Reifwerdens, unsäglich verlassen, fühlen, daß die Dinge und Ereignisse in der Natur *nicht mehr* und die Menschen *noch nicht* an ihnen teilnehmen. Es wird Frühling, obwohl sie traurig sind, die Rosen blühen und die Nächte sind voll Nachtigallen, obwohl sie sterben möchten, und wenn sie endlich wieder zu einem Lächeln kommen, dann sind die Tage des Herbstes da, die schweren, gleichsam unaufhörlich fallenden Tage des November, hinter denen ein langer lichtloser Winter kommt.«

Hier äußert sich ein künstlerisches Programm, das, statt sachlich darzulegen, in die Behauptung von Geheimnis und Rätsel ausweicht und das Naturerlebnis zu Metaphysik erhebt: in Worten, die ihrerseits reine Poesie sind. Die zitierten Sätze finden sich in der Einleitung von Rilkes Buch über Worpswede.

Der Aufenthalt des Dichters an diesem Ort war alles andere als ein arbeitstechnischer oder familiärer Zufall. Worpswede steht in unserer Kunstgeschichte für einen bestimmten, der ästhetischen Moderne zugewandten Malstil. Fritz Mackensen, Otto Modersohn, Hans am Ende und Paula Modersohn-Becker waren nicht die naiven oder beschwichtigenden Porträtisten etwelcher Landschaftspanoramen, ihre Natur ist problematisiert, in der Form wie, daraus folgend, im Eindruck. Sie wenden sich ab von allem biederen Realismus. Ihre Gegenstände sind verfremdet. Darin verhalten sie sich ebenso wie der Rilke jener Jahre.

Er ist dann aus Worpswede bald wieder fortgegangen. Er war ein unruhiger Geist, unter den jüngeren deutschen Literaten einer der umtriebigsten. Er stammte aus Böhmen, zog als junger Mann nach Deutschland und hat danach zahlreiche Länder Europas und Nordafrikas bereist. Verschiedentlich lebte er auf länger in Paris. Er sprach und schrieb französisch so gut wie deutsch, zusätzlich brachte er sich das Russische und das Dänische bei. Von all dem ging etwas in seine Dichtungen ein.

Unser Zitat aus dem Einleitungstext zu dem Worpswede-Buch erwähnt die Jahreszeiten. Rilkes Naturlyrik handelt häufig von ihnen, und es ist aufschlussreich zu sehen, wie unterschiedlich sie gewichtet werden. Der Frühling, Lieblingssaison aller deutschsprachigen Poesie seit der Minnedichtung des Mittelalters, kommt natürlich vor, doch nicht vorrangig. Zahlreicher sind die Verse, die vom Sommer handeln. Die meistbedachte Jahreszeit ist der Herbst, wogegen der Winter nur recht selten stattfindet. Rilkes Vorliebe für die Wochen zwischen September und Weihnachten hat ganz offensichtlich mit deren Ambivalenz zu tun: Es ist die Zeit der Reife, der Erfüllung, der Ernte, doch ebenso ist es die Zeit der welkenden Blätter, der Vergänglichkeit, des Verfalls, des nahenden Endes. Diese Mehrdeutigkeit zieht Rilke an. Immer wieder greift er sie auf, denn sie entspricht seinem Lebensgefühl, die das Lebensgefühl seiner Generation ist.

Unser Zitat nennt Feld, Wald und Fluss. In Rilkes Versen finden sie sich eher selten. Seine Bäume wachsen nicht in Wäldern, sondern in Alleen, Gärten, Friedhöfen und Parks. Ohnehin bevorzugt er bei Pflanzen die gestaltete Natur, was die Blumen einbegreift: Sie sind bloß ausnahmsweise Wild- und Wiesenblumen, viel häufiger Züchtungen, die man in Gartenbeete pflanzt, Hortensien etwa und Syringen. Auch Mohn ist hier nicht Wildblume, sondern Kulturpflanze, nämlich Spender des berauschenden Opiats. Unberührte Natur gibt es bei Rilke eigentlich nur dort, wo sie sich der menschlichen Berührung entzieht, nämlich als Hochgebirge oder Meer.

Den neugierigen Blick auf Blume und Baum, auf Natur und Landschaft zeigen bereits Rilkes früheste lyrische Versuche. Bald schon wird hier auch deutlich, was zu einer bestimmenden Eigenart des Lyrikers Rainer Maria Rilke werden sollte: die hohe Musikalität und Biegsamkeit der Sprache, der souveräne Umgang mit Vers und Reim, die außerordentliche Empfänglichkeit für optische Eindrücke. Dabei hat Rilkes Talent etliche Wandlungen erfahren. Auf eingängige Strophen im Volksliedton, bei zärtlichen Blicken aufs Naheliegende, folgen Verse eines inbrünstigen Umgangs mit der

Transzendenz. Die Frömmigkeit seiner Mönche und ihrer Stundengebete wird dann angereichert mit Geist und Aroma der russischen Orthodoxie, die er zwischen St. Petersburg und Moskau erfuhr. Dabei floss auch Säkulares ein: Stadt, Dorf, Landgut. Es begünstigt die Hinwendung zu jener neuen Diesseitigkeit, die das Kennzeichen des mittleren Rilke wird. Sein Aufenthalt in Worpswede fällt in diese Zeit und gehört in diesen Zusammenhang.

Das beginnt mit dem »Buch der Bilder« (1902) und führt bis zu »Neue Gedichte anderer Teil« (1908). Beeindruckt vom französischen Symbolismus und vom Pariser Bildhauer Auguste Rodin, dessen Sekretär er für eine Weile war, ging es ihm um eine äußerste Genauigkeit bei der Wiedergabe von sehr konkreten Objekten, Lebewesen, Ereignissen. Er nannte das Ding-Gedicht. Seine berühmtesten Naturverse stammen aus jener Zeit. Sie vereinen Präzision, Stilisierung und die Anmut von Cézanne-Bildern. Damals schrieb er seinen einzigen Roman, »Die Aufzeichnungen des Malte Laurids Brigge«, mit seinen ausführlichen Schilderungen französischer und skandinavischer Topographien.

Um 1912 beginnt eine neuerliche Neigung zur Spiritualität. Ganz hatte er aufs Transzendente nie verzichtet, jedenfalls in seinen vielen Briefen nicht; jetzt kehrte dies auch in die Versdichtung zurück, in die »Duineser Elegien« und die »Sonette an Orpheus« (beide 1923). Es dient der Mitteilung einer privaten Mythologie, die ebenso diffus wie mehrdeutig und geheimnisvoll ist, sowie, infolge ihrer Wortmächtigkeit, einigermaßen suggestiv. Bestimmte Grundmuster und -motive kehren ständig wieder: die Engel, die Liebenden, ein vager Gottesbegriff, die Einsamkeit, der Tod. Auch die Natur hat ihren geräumigen Platz, Blumen, Bäume und Landschaften. Sie dienen als Requisit, als Kulisse oder als Gleichnis. Wie schon früher kann Rilke hier manchmal abrutschen ins Preziöse. Seine Vorliebe fürs Ausgesuchte, Kostbare und Elitäre wirkt hin und wieder etwas süßlich, bei zarten Anmutungen von Edelkitsch.

Der private Rainer Maria Rilke war eigensüchtig, eitel und anhänglich vor allem denen, die ihm materielle Unterstützung gewährten. Da die meiste Zeit seines Lebens seine Einkünfte eher mäßig ausfielen, seine Ansprüche an dieses Leben aber recht gehoben waren, blieb er angewiesen auf Mäzene, und da er fast sein gesamtes Leben hindurch einem Adelstick anhing (er meinte, allen anderslautenden Dokumenten zum Trotz, er sei von aristokratischem Herkommen), suchte er sich seine Unterstützung bevorzugt bei betuchten Edelleuten und am besten solchen von weiblichem Geschlecht.

Denn er war auch ein großer Erotiker, einer der exemplarischsten in unserer Literatur. Seiner Lyrik ist das auf den ersten Blick nicht anzumerken, seinen Briefen schon eher. Weiß man es freilich, zeigt sich in vielen seiner Verse, auch im überquellenden Sensualismus seiner Naturpoesie, ein erotisches Moment. Zu seinen Förderern ist noch zu sagen, daß sie häufig über Herrensitze verfügten, auf denen der Dichter ausführlich zu Gast war. Schlösser, Schlossgärten und Parks sind ein wiederkehrendes Motiv seiner Natur- und Landschaftsbilder. Das bei weitem häufigste Motiv freilich ist eine einzelne Pflanze: die Rose.

Die Zahl seiner Rosazeen-Verse ist beträchtlich. Das beginnt schon früh, mit einem ungelenk gereimten Vierzeiler innerhalb eines umfangreichen Zyklus von Blumengedichten, und führt hin bis zum späten Rilke, der im frankophonen Schweizer Wallis lebte, jetzt gern auch französische Verse schrieb und einen gesamten Band mit Lyrik auf diese Blume füllte, »Les Roses«.

Bald darauf ist er gestorben. Seine letzte Ruhestätte auf dem Friedhof im Welschschweizer Rarogne zeigt, auf dem Grabstein, als Inschrift ein kleines Rilke-Gedicht. Damit wird eine Verfügung des Toten befolgt. Das Gedicht besingt die Rose.

Rolf Schneider

TEXTNACHWEIS

Die Texte in diesem Buch folgen den Ausgaben:

Rainer Maria Rilke: Sämtliche Werke. Hrsg. vom Rilke-Archiv in Verbindung mit Ruth Sieber-Rilke. Besorgt durch Ernst Zinn. Frankfurt am Main 1987.
Rainer Maria Rilke: Briefe. 3 Bde. Frankfurt am Main 1987.
Rainer Maria Rilke: Briefe an Sidonie Nádherný von Borutin. Herausgegeben von Bernhard Blume. Frankfurt am Main 1973.
Rainer Maria Rilke: Briefe an Nanny Wunderly-Volkart. Herausgegeben von Rätis Luck. Frankfurt a. M. 1977.
Rainer Maria Rilke – Lou Andreas-Salomé: Briefwechsel. Herausgegeben von Ernst Pfeiffer. Frankfurt am Main 1975.
Rainer Maria Rilke – Ellen Key: Briefwechsel. Herausgegeben von Theodore Fiedler. Frankfurt am Main und Leipzig 1993.
Rainer Maria Rilke – Marie von Thurn und Taxis: Briefwechsel. Herausgegeben von Ernst Zinn. Frankfurt a. M. 1986.

INHALT

Eingang 5

Frühling
Wieder duftet der Wald

Vorgefühl 8
Frühlingsnähe *An Marie von Thurn und Taxis, 17. Februar 1921* 9
Vorfrühling 10
Dieses Hereinwirken der Jahreszeit 11
  An Nanny Wunderly-Volkart, 24. Februar 1920
Hilfloses Blühen 12
Die Nacht der Frühlingswende 13
Schon, horch, hörst du der ersten Harken 15
Frühling ist wiedergekommen 16
Bäche, die vorübergehen 17
Frühling 18
Aus einem April 19
Blüte an Blüte *An Clara Rilke, 8. April 1903* 20
Blumenmuskel, der der Anemone 21
Wiesengrün, blühende Bäume 23
  An Marie von Thurn und Taxis, 6. April 1912
Der fremde Strauch 24
Es leuchteten im Garten die Syringen 25
O und der Frühling begriffe 27
Wege und Wasserläufe 28
Schlaf-Mohn 29
Birken 31
Irre im Garten 32
Feigenbaum, seit wie lange schon ists mir bedeutend 33
Im vollen Grünsein der Kastanien 34
  An Marie von Thurn und Taxis, 10. Mai 1911
Die stille Waldstraße hinauf 35
  An Sofia Nikolajewna Schill, 20. Mai 1900

Wie vor dem Einzug, wie in leeren Gemächern 36

Sommer
Alles ist überall

Schon bricht das Glück 38
Die Erdbeeren blühen *An Clara Rilke, 19. April 1906* 39
Dichter, junger Sommer 41
  An Lou Andreas-Salomé, 15. April 1904
Begegnung in der Kastanien-Allee 42
Siehe die Blumen, diese dem Irdischen treuen 43
Julimorgen 45
In einem fremden Park 46
Blumen, ihr schließlich den ordnenden Händen verwandte 47
Blaue Hortensie 48
Rosa Hortensie 49
Persisches Heliotrop 50
Papageien-Park 51
Übung am Klavier 52
Schau, wie die Zypressen schwärzer werden 53
Ich bin zu Hause zwischen Tag und Traum 54
Schwere, reife Felder 55
Wilder Rosenbusch 56
Errichtet keinen Denkstein. Laßt die Rose 57
Die Rosenschale 59
Das Rosen-Innere 62
Die Anfahrt 63
Der Phlox steht hoch *An Clara Rilke, 23. August 1903* 64
Landschaft 65
Denn Gärten sind, – von Königen gebaut 67
Der Pavillon 68
Die Sonnenuhr 69
Römische Fontäne 70
Vor dem Sommerregen 71
Abend in Skåne 72

Herbst
Die Blätter fallen, fallen wie von weit

Wo, in welchen immer selig bewässerten Gärten 74
Die Sonne ist schwer 75
Voller Apfel, Birne und Banane 76
Herbst 77
Welker Duft *An Clara Rilke, 12. August 1904* 79
Wir gehen um mit Blume, Weinblatt, Frucht 80
Herbstlicher Morgen 81
Der Apfelgarten 82
Der Glanz der letzten lauschenden Tage 83
Der Ölbaum-Garten 84
Herbsttag 87
Weinbergterrassen, wie Manuale 88
Wie der Wächter in den Weingeländen 89
Jetzt reifen schon die roten Berberitzen 91
Fürchte dich nicht, sind die Astern auch alt 92
Spätherbst in Venedig 93
Volksweise 94
Abschied 95
Der Schauende 96
Heliotrop *An Marie von Thurn und Taxis, 6. September 1918* 98
Herbstlicher Schloßpark 99
  An Lou Andreas-Salomé, 4. November 1907
Ende des Herbstes 101
Weinberge im Wallis 102
  An Gertrud Ouckama Knoop, 26. November 1921
Nur wer die Leier schon hob 104

Winter
Die weißen Wege werden leiser

Bangnis 106
Im Kirchhof zu Ragaz Niedergeschriebenes 107

Erwartungsvolle Dämmerungen 109
An Sidonie Nádherný von Borutin, 13. Dezember 1906
Da wechselt um die alten Inselränder 110
Advent 111
Stille Stunde *An Ellen Key, 22. Dezember 1903* 112
Weiß in allen Sprachen! 114
An Nanny Wunderly-Volkart, 24. Dezember 1921
Die hohen Tannen atmen heiser 115
Weihnacht 116
Du wacher Wald, inmitten wehen Wintern 117
Verschneites Gebüsch 119
Ein verwitterter Engel *An Clara Rilke, 26. Januar 1906* 120
L'Ange du Méridien 123
Winterliche Stanzen 124
O Bäume Lebens, o wann winterlich? 125
Winter 127
Mein inneres Gärtnern *An Lisa Heise, 19. Mai 1922* 128
Sei allem Abschied voran 129
Aber die Winter! Oh diese heimliche Einkehr 130
Für Frau Johanna von Kunesch 131

Und du erbst das Grün 132

   Nachwort. *Von Rolf Schneider* 134
   Textnachweis 140